扫码获取《生命之光》专业音频讲解，
加入阅读陪伴社群，实现高效精读！

BIOGRAPHY OF
B.K.S IYENGAR
1918 — 2014

生命之光

A LIFE OF

LIGHT

〔印〕拉什米·帕克希瓦拉 著

邓育渠 译

中国青年出版社

推荐序
习练瑜伽，为内心带来深刻的幸福感

中国人主张"和而不同"，用包容去联结万事万物背后共通的部分。瑜伽与中国的太极一样，是一门天人合一的学问，它通过对自身的锻炼，将人的内在和外在稳定地连接在一起，并由持续的练习为内心带来深刻的幸福感。

近年来，瑜伽作为一种健康生活方式备受关注和推崇，而习练瑜伽的主要的人群是青年人。对于青年人来说，运用一种古老而易于掌握的技巧，达于身体、心灵与精神和谐统一，是适应现代社会节奏和挑战的重要能力。

悠季瑜伽在瑜伽领域深耕多年，为中国瑜伽行业带来纯粹且深具传承的印度瑜伽智慧，也为中印文化交流打开了一扇窗。更重要的是，他们和瑜伽发源地印度的瑜伽大师们有着直接而深厚的联系，引导人们溯本求源，关注本源的典籍、经典的原貌，以保证学习教育不偏样、不走形——这是一种极富远见且可持续的文化交流。

中国青年出版社作为一个已经有着七十年历史的文化出版

机构，一直关注着每一代青年人的变化与成长。尤其是当今天中国人的物质生活越来越丰富的时候，我们也开始越来越关注青年人如何拓展自己的精神世界。时代在发展，受众在变化，经典也要用与时俱进的方式被传承，中国青年出版社与悠季瑜伽在传播经典的同时，也都在探索用新时代青年人喜欢的方式，来吸收和传习历史文化中的高品质成果。

相信这套《悠季丛书》的出版，会让瑜伽文明的本源知识种子在当下形成脉络，完整开花；相信每一个愿意深入其中的青年人，都会体会到人与自然相适应的内在平衡，进而弥散到个人的生活环境中，结出快乐、美丽而真诚的社会之果。

中国青年出版总社党委书记、社长　皮钧

2020 年 1 月

瑜伽之路的灯塔

2003 年的春天，带着"我是谁?"的寻找，一个人印度之行，在瑞诗凯诗发现瑜伽。跟随默瀚老师的 7 天习练，快乐不期而至，从此种下心念：分享传播这个"启动内在之光，用另一种眼光看世界，用另一个思维看生活"的纯粹瑜伽，让更多人与此结缘，走进生命的美好。于是邀请默瀚老师共同创办悠季瑜伽。悠季瑜伽的诞生是一个心愿的分享："以最纯粹的瑜伽光耀生命"。在这个分享之路上，悠季瑜伽持之以恒坚守本源瑜伽理念，打造整体瑜伽教师培训体系及会员习练体系；在这个践行之路上，悠季瑜伽从 70 平米的北京日坛公园钟楼出发，成长为今天以学院、会馆、出版为三大核心的瑜伽集团平台。其中，分布在北京、杭州、广州、成都的悠季瑜伽学院培养出数以万计的瑜伽教师及瑜伽从业人员，被赋予瑜伽界"黄埔军校"的美誉。

作为纯粹瑜伽最大的基石，"传统瑜伽智慧"的分享是以《悠季丛书》形式达成的。

《悠季丛书》创办于 2004 年，是中国青年出版社与悠季瑜伽学院共同出版的瑜伽经典图书系列。本着"传统、传承、传授"的原则，《悠季丛书》分为典藏、历史、应用三大类。第一类是没有经过任何稀释的传统瑜伽典籍。它将我们带到瑜伽的源头，明晰瑜伽的核心要义；第二类是瑜伽重要流派及蜚声世界的瑜伽大师著说或传记。大师们终其一生探索的实践及智慧，犹如身边的恩师，照亮了习练者的瑜伽之路；第三类是与现代科学及生活相结合的应用著作。此类书展示瑜伽在当代的发展，帮助习练者将瑜伽纳入生活，是不可或缺的瑜伽学习伴侣。

《生命之光》与其他有关艾扬格大师的传记不同的是，它是由跟随大师一生的印度弟子、家人执笔而作。书中更多是从印度传统的视角描述他们的导师，让我们可以读到众多熟悉的生平片段或一个更加鲜活的印度圣哲的生命方式。尤其书中关于大师与印度社会环境的互动的描写都真实如左，令人心动。而描述大师告别肉体的"最后的时光"的篇章更是向我们展示了一位圣者如何达至生命的圆满。"悠季丛书"很荣幸有这个机会将一个更加完整的大师生平版本奉献给所有热爱瑜伽的中国读者。

感谢中国青年出版社社长皮钧先生，促进中国青年出版社与《悠季丛书》的战略出版计划；感谢默瀚老师，在《悠季丛书》版权合作、专业翻译解答等中做出的专业贡献和桥梁作用；感谢中国青年出版社主编吕娜女士，在她主持下的出版无可替代地保障了《悠季丛书》的出版品质；最后感谢所有的读者，因为你们在瑜伽中的精进求索，让《悠季丛书》绽放它的存在意义。

《悠季丛书》主编　尹岩

2020 年 夏

关于本书

　　本书是 2014 年在古鲁吉去世后才开始构思的，它取材于那些被人们遗忘的书籍，以及亲近古鲁吉的人所热心分享的回忆。书中楷体部分文字所涉及的故事是作者结合部分事实所作出的合理想象。

　　根据古鲁吉的不同人生阶段，以及他与不同人打交道的具体情况，作者以如下名称指代古鲁吉：桑达拉（Sundara）、艾扬格（Iyengar）、艾扬格先生、安纳（Anna）、古鲁吉（Guruji）。对于他的家人而言，他是桑达拉；对于他早期的西方学生而言，他是艾扬格先生；而在他生命的后期，所有人都称他为古鲁吉。

目 录

01 - 有惊无险的诞生

卡纳塔克邦（Karnataka）的贝鲁村（Bellur）

1918 年 12 月 14 日（星期六）晚上

充满柴火味道的缕缕灰烟从房子里冒出，与漆黑的天空融为一体。夜的寂静让村子里几户人家传出的哀号声更显悲戚。在某间房子里，一个鼓腹的铜锅被架在噼啪作响的柴火上，滚开的水愤怒地沸腾着。

谢莎玛（Seshamma）的嫂子将家里所有的毯子都盖在谢莎玛身上，人们对她的肺部和肚子进行热敷。但是，这一切都无法阻止她打战、咳嗽以及从肺部发出致命的喘息。除了发烧之外，谢莎玛每隔三分钟就要经受一次剧烈的宫缩。

在人们的记忆里，贝鲁地区一百多年来从未有过如此寒冷的冬天。1918 年 12 月 16 日，是卡纳塔克邦历史上最冷的一天，低至前所未有的 2.4 摄氏度，据说是印度历史上最冷的冬天之一。

除此之外，让 1918 年冬天的寒冷更加难以忍受的是流感（jvara）。席卷了整个村庄的流感可能是从 50 公里外的一个驻军城市班加罗尔传来的——可能是一个从战场还乡的受感染士兵通过呼吸传播的；也可能是一个矿工在休假期间去了班加罗尔，回来时就染上了这种可怕的疾病；还有可能是在朝圣者去城里的科拉拉玛神庙（Kolaramma Temple）朝圣途中带回来的。不管怎么说，疾病已经来了，并且传播得很快。

印度对疾病习以为常。几个世纪以来，印度饱受天花、霍乱和瘟疫的折磨，但是这个伟大的国度依然处之泰然，没有人觉得有必要认真对待这种流感。传统上人们用香料和草药混合，制成一种难以下咽的汤剂（kashaya）对其进行治疗。这种看起来没什么大不了的"流感"，通常都不需要去找当地的阿育吠陀医生，结果，这次流感却成了上天对印度的惩罚！

1918 年这次流感的爆发可能是由第一次世界大战引发的，但它席卷世界的速度和规模，以及随之而来的大规模死亡，远比战争的影响可怕得多。这次流感感染了全世界 5 亿人，约有 7000 万至 1 亿人死亡。印度是受影响最严重的国家，死亡人数约为 1700 万。由于世界 1/5 的人口感染了这种流感，想要置身事外是非常困难的。据说美国总统伍德罗·威尔逊（Woodrow Wilson）为了结束第一次世界大战，在签署《凡尔赛和约》的时候，也被感染了。

这种疾病的感染具有不确定的特质，它是世界上最致命的流行病。持续 4 年的黑死病和鼠疫加在一起造成的破坏还没有 1918 年这次流感在短短一年里造成的破坏大。

大多数印度医生都远离故乡，在战争中服务。而弗莱明发明的盘尼西林（第一种抗生素）直到十多年后才出现。

当时，医院在人力或药物上根本没有什么配备。医生们只能无助地看着病人挣扎着呼吸，血沫从他们的鼻子和嘴里喷涌而出。许多医生自己也死于这种疾病。当然，这种情况只是出现在那些有幸拥有医生和医院的城镇。而贝鲁地区什么也没有。

但是这一切是如何开始的呢？流感通过士兵的呼吸穿越法国、西班牙、德国、美国和印度，从拥挤的军营到战俘营、运兵船和矿井，一路肆虐而来。一次含有 4 万个流感病毒飞沫的喷嚏可以在几秒钟内感染数千人。在战时紧急状况下，人们被迫挤在狭小的空间里，每个喷嚏都比子弹更致命。

病毒发起了迅速、无情的袭击。有一则关于那个时代的恐怖故事提到，有 4 位女士熬夜打桥牌，第二天早晨，其中的 3 人已经死于流感。

英国人有着奇特的幽默感，喜欢用一些非常不适宜的话题来创作童谣，他们当然不会放过这次流感的机会。在当时，孩子们跳绳的时候哼着这样的小曲并不稀奇：

我有一只小鸟，

名字叫恩乍（Enza）。

我打开了窗户，

恩乍穿窗而入（in-flu-enza，谐音"流感"，译注）。[1]

慢慢地，病毒开始了若干次的变异，每次变异都让它的能力得到增强。最初的病毒虽然感染了很多人，但造成的死亡率没有后来产生变异的病毒那么高。1918 年 6 月，孟买《印度时报》（*Times of India*）写道："几乎每一家……都有人因为感染流感而病倒，每一间办公室都为员工的去世而哭泣。"[2]

到 1918 年 8 月，病毒已经变异成更危险、更致命的形式。变异后的病毒能够深入肺部组织，患者会因病毒性肺炎和严重的呼吸障碍而喘不过气来。缺氧导致的发绀（cyanosis）让皮肤呈现出青紫色，这也可能会演变成一种增强型肺炎。无论如何，情况都不容乐观。患者开

---

[1] https://virus.stanford.edu/uda/
[2] Killingray, David ard Phillips, Howard, *The Spanish Influenza Pandemic of 1918-19: New Perspectives (Studies in the Social History of Medicine)*, United Kingdom: Routledge, 2003

始会感到呼吸困难，然后是肺部发出一种特殊的咝咝声，接着是剧烈的咳嗽，呼出的气体非常难闻。这通常意味着生命的终结。

这种流感会给人造成更大的负面作用：它使患者身体虚弱，肺部和其他重要器官严重受损，让他们更容易感染其他看似无关的疾病，例如脑膜炎、肾炎和帕金森等疾病。

在 1918 年流感肆虐的过程中，"最有可能死亡"的人就是孕妇，"第二可能死亡"的人就是在患病孕妇腹内待产的婴儿。

在家里，谢莎玛年长的孩子安慰着年幼的孩子。尽管这个家庭已经为失去谢莎玛和她腹中的小孩做好了准备，但他们一直没有放弃希望。如同村里其他病人的家属一样，在谢莎玛感染流感期间，全家人小心翼翼地照顾着她。

这是一场异常艰难的分娩。谢莎玛因分娩的疼痛和致命流感造成的疲劳而变得虚弱无力，但她还是产下了一名男婴。全家人在照顾孩子的过程中战胜了流感，他们都为母亲和孩子能挺过来而感到惊讶，而其他许多体质似乎更强的人却因此去世。后来当他们发现这场流感在全世界夺去了七千多万人的生命时，他们心里充满了感恩。

从一开始，神似乎就一直与他们同在。

幼年桑达拉拉贾

刚出生的小男孩被起名为桑达拉拉贾（Sundararaja），意思是"美貌之王"。家人称呼他为"桑达拉"，这也许是对未来的一个预兆。但一开始，这个名字是非常名不副实的。他自己后来也承认，贝鲁·克瑞斯那玛查·桑达拉拉贾·艾扬格（Bellur Krishnamachar Sundararaja Iyengar）是个不讨人喜欢的孩子，与身体相比，他的头显得太大了，胸部凹陷，腹部凸出，因为刚出生时与流感死神擦肩而过，他的皮肤呈现出不健康的青紫色。桑达拉是 13 个孩子中的第 11 个，他成为众兄弟姐妹取笑的对象。

桑达拉的父亲名叫贝鲁·克瑞斯那玛查·艾扬格，是附近布达科特（Bhudalkotte）村庄一所学校的校长。他的母亲谢莎玛就是前文所述的那位神奇女士，在那场几乎让整个村庄面临灭顶之灾的流感中，她与年幼的儿子活了下来。

艾扬格家族在几代人之前离开了他们在东南部的故乡，向西迁徙。他们属于泰米尔婆罗门社区，该社区以坚守固有的文化传统而出名。是什么促使他们搬到一个完全陌生、一个熟人都没有的地方呢？

艾扬格家族将他们的起源追溯到那塔牟尼

（Nathamuni）。那塔牟尼是 10 世纪毗湿奴派的圣人和学者，他一生都在整理南玛尔瓦（Nammalvar）和其他阿尔瓦圣徒（Alvars）所写的诗歌，人们认为这些阿尔瓦圣徒是毗湿奴的化身。

南玛尔瓦是最受人尊敬的阿尔瓦圣徒，他于公元前 3102 年出生于一个首陀罗（Shudra）家庭。根据传说，南玛尔瓦出生的时候就已经觉悟。在婴儿时期，他不哭闹，不吸奶，也不睁眼睛。据说他小时候对外界刺激没有任何反应。他的父母听到有一个声音让他们将这个孩子放在一棵合欢树里，这棵树后来成为他的家。

16 年 后， 一 位 名 为 玛 都 喇 卡 维 · 阿 尔 瓦 尔（Madhurakavi Alvar）的泰米尔诗圣[①]在北印度旅行。他突然被南方天空一道明亮的光所吸引，于是徒步向南，前往那棵合欢树。其时，南玛尔瓦正坐在树洞里，处于甚深的禅定状态。因为处于这种禅定状态达 16 年之久，他的身体散发出光辉。玛都喇卡维试图让他出定，但是南玛尔瓦不受任何干扰。最后，他向南玛尔瓦提出了一个玄学问题："如果微妙的灵魂寄寓在粗重的肉体里，那么它将如何行动和思考呢？"南玛尔瓦打破了沉默，回答说："如果灵魂和肉体是同一的，那么灵魂就是肉体，如果灵魂是为神

---

① Desikachar, Kausthub. *The Yoga of the Yogi: The Legacy of T. Krishnamacharya*. New York: North Point Press, 2011

性服务，那么它就会处于瓦昆塔（Vaikunta，主神的住所），忆念主神。"玛都喇卡维从他的回答知道他是一位觉者。

那塔牟尼出生于 10 世纪，他后来成为一位德高望重的老师和灵性专家，并且遇到一群游方的秘行者，这些秘行者吟唱的诗歌深深地吸引了他的灵魂。接触这些秘行者之后，他发现他们所吟诵的是《婆罗班达圣颂》（*Divya Prabandam*）仅存于世的 10 句偈颂，这些圣颂由南玛尔瓦所创作。其中一个秘行者告诉他，如果他前往那棵南玛尔瓦曾经禅坐的合欢树，虔诚地在禅定之中祈求，他可能就会找到其他佚失的 3990 句偈颂。于是，那塔牟尼前往那棵合欢树，他的心充满了虔诚的愿望，希望找回那些佚失的美妙圣颂。因为他具有坚定的信念，南玛尔瓦在他面前显现，将佚失的《婆罗班达圣颂》教授给他。这只是那塔牟尼为数众多的成就中微不足道的一个。他还在瑜伽等诸多领域具有很深的造诣，并撰写了《瑜伽密义》（*Yoga Rahasya*）。这本书被视为他杰出的贡献之一，书中囊括了瑜伽的众多经典和实用教法，也介绍了瑜伽在人生不同阶段的应用，包括适用于孕妇的练习和对疾病的治疗。

罗摩奴迦（Ramanuja）生于公元 1017 年，他对那塔牟尼留下的文献进行了注释。罗摩奴迦早年禁止妇女和种姓较低的人学习宗教经文，但后来改变了立场，变得更加包容，甚至允许"贱民"进入寺庙。

兼容并包的罗摩奴迦并没有被他的同胞们友好地对待，他被人们赶出了泰米尔纳德邦（Tamil Nadu）。1137年，他和一些追随者被迫迁移到卡纳塔克邦的梅卢科特（Melukote），随后从梅卢科特分散到卡纳塔克邦的其他地方，传播罗摩奴迦的教法。正是因为这样，原本住在泰米尔纳德邦的艾扬格家族在卡纳塔克邦科拉地区（Kolar district）的贝鲁定居下来。

科拉地区以金矿而闻名，这是一个不适宜居住的小乡村，到处暴露着低矮的平顶岩石，也不适合耕种。在1918年和之后的几十年里，贝鲁是科拉地区的一个小村庄，这里没有学校，也没有医院。桑达拉的父亲克里希那玛查要步行相当长的一段距离才能到达隔壁的纳萨普尔（Narsapur）村，他在那里的学校担任校长。当桑达拉5岁的时候，他的父亲退休了。克里希那玛查育有13个孩子，其中的10个存活了下来，他们全家一共12口人。对于一个不能仰仗农业为生的家庭来说，需要养活的人真是太多了。农业是卡纳塔克邦的主要收入来源之一，由于他们是从外地移居到贝鲁村，艾扬格一家没有获得任何土地。

这迫使克里希那玛查带着他的家人，包括5岁的桑达拉，冒险来到大城市班加罗尔找工作。

在班加罗尔，克里希那玛查被一位名叫阿布杜拉（Abdullah）的先生所雇用，在一家大型食品店当店员。阿布杜拉对这位勤恳的新员工十分满意，非常礼遇他，在他困难的时候，经常施以援手。作为一名店员，克里希那玛查的薪水很微薄，如果他那个人口众多的家庭出现了什么不可避免的意外状况，他就无法应付。

当桑达拉9岁时，悲剧再次给这个家庭蒙上了一层阴云。他父亲患了阑尾炎，这次生病给了他致命一击。当克里希那玛查与病魔做斗争时，他把9岁的桑达拉叫到自己身边，他让年幼的桑达拉做好准备，因为他自己的父亲正是在他9岁的时候去世的，他觉得自己也要死了。他还预言，他的这位幼子早年的生活会充满艰辛，但之后会非常幸福。对于亲眼看见父亲去世的9岁少年来说，这些话起不到什么安慰的作用。

家里失去了顶梁柱，今后得由哥哥们来承担抚养弟弟妹妹的责任了。桑达拉有4个哥哥：在班加罗尔当会计的铎瑞斯瓦米·艾扬格（Doreswami Iyengar）、在班加罗尔当老师的拉贾·艾扬格（Raja Iyengar）和在马德拉斯当铁路职工的维丹塔查·艾扬格（Vedantachar Iyengar），他的第四个哥哥罗摩斯瓦米（Ramaswami）为数学、英语和生物3门学科大伤脑筋，毕业考试不及格后，他放弃了学业，成为一名裁缝。

他们谁也负担不起抚养母亲和未婚兄弟姐妹的重担。在这种情况下，他们采用了以下常见的做法：将家人分开，在不同的家庭轮流生活。桑达拉的弟弟契鲁瓦拉姜（Cheluvarajan）与姐姐茹卡玛（Rukkamma）生活，桑达拉的妹妹贾娅玛（Jayamma）与大姐娜玛琪拉玛（Namagiriamma）生活，桑达拉则从这家到那家，轮着住。由于所有的哥哥姐姐现在都有了自己的家庭，照顾弟弟妹妹成为额外沉重的负担压在他们身上。

桑达拉出生时染上的流感给他的健康笼罩上长长的阴影。甚至到了十几岁的时候，他的免疫力依然很低下，经常生病。桑达拉后来将自己称为"瑜伽的反面广告"，因为他在年轻的时候，曾多次患支气管炎、肺炎、肺结核、伤寒和疟疾。

他在 13 岁的时候，患上疟疾，随后，经历了一次无法确诊的长时期发烧。医生怀疑这个小孩得了伤寒，建议把他送进医院。

桑达拉在班加罗尔维多利亚医院的普通病房里住了一个月。医生之所以让他住院，可能是觉得孩子在医院会得到有营养的饮食和充分的休息，而他在家里无法获得这些。这座优雅的石头建筑有着通风良好的房间和明亮的走廊，能够给这个生病的孩子提供康复的机会。在医院住了一个月后，持续的发烧被治愈，但是桑达拉花了一年多的时间才完全恢复体力。

由于生病，他缺了很多课，这给他的学业蒙上了阴影。卡纳塔克邦当时施行的是八年免费教育制度，尽管桑达拉长期缺课，家境贫困，他还是设法继续求学。

在接下来的那个学年，他英语不及格。英语不及格对他的中考会产生不好的影响，而他需要通过中考才能进入高中。健康问题仍然困扰着他，但他还是设法顺利地完成了大部分考试。然而，在最后一天，当他骑车去参加生物卫生考试时，由于疲惫、虚弱和营养不良，他在大街上失去了知觉。当他恢复意识并到达考场时，已经迟到了。他努力答题，但在开始的半个小时里，他脑子里一片空白。他慢慢地让自己平静下来，尽力从潜意识里将一切能力调集起来，匆忙地做完了试卷。他运气很好，虽然他的字迹很潦草，但最终还是通过了考试。他现在有资格上高中了。

接着，桑达拉面临的最大障碍是如何筹集到足够的钱来支付他的高中学费。

桑达拉当时是和他的大哥铎瑞斯瓦米·艾扬格住在一起。虽然他的哥哥们照顾着桑达拉基本的衣食需求，但他们不可能为他凑集学费。在当时，高中生只需要支付8个月学费，对于一个贫寒家庭的学生而言，这笔费用仍然遥不可及。

桑达拉想到了他父亲的人脉关系，他认为应该从一位名为巴思扬（K.T.Bhasyam）的知名律师那里获得推荐信，这位律师曾在一次商业诉讼中担任他父亲的老板阿布杜拉的辩护人。

年少的桑达拉和他的哥哥拉贾·艾扬格忐忑不安地来到了巴思扬位于科敦佩特（Cottonpet）的家。修剪整齐的花园和刷得洁白的墙壁表明了主人一丝不苟的性格。巴思扬是班加罗尔自由运动的主要领导人之一，也是负责在该市壮大国大党的先锋人物。作为一名杰出的律师、立法者和政治领袖，他享有令人敬畏的声誉。如果他没有进入国会，人们预测他可能成为迈索尔的首席大法官，甚至成为该邦的首席部长。他因正直和纯粹而受人尊敬，以清廉而闻名，对利益交换不感兴趣。巴思扬是艾扬格的族人，也许他被这个失去父亲的男孩所面临的困境所打动，或者他预见到艾扬格必成大器，不管是什么打动了这位伟大律师的心，桑达拉获得了他的推荐信。

艾扬格兄弟从父亲曾经的生意伙伴那里凑足了剩下的钱。作为生意人，这些人与老艾扬格关系很好，他们捐助了桑达拉所需的 8 卢比，供他完成当年的学业。

巴思扬的推荐信让他获得了一半的奖学金，有了这样的减免待遇，再加上从一些生意人那里获得的 8 卢比，桑达拉费尽心力，终于可以进入高中学习了。

但就在开学前夕，桑达拉迎来了一位客人。这位客人的来访改变了他的命运。

桑达拉的姐姐娜玛琪拉玛在 1927 年嫁给了克里希那玛查亚（T. Krishnamacharya）。1934 年，克里希那玛查亚来访的时候，艾扬格 15 岁。克里希那玛查亚当时正前往罗纳瓦拉（Lonavla）的凯瓦拉亚达玛瑜伽学院（Kaivalyadhama Yoga Institute）。

在前往孟买的途中，克里希那玛查亚在班加罗尔稍事停留，拜访了他妻子的家人。桑达拉当时住在他哥哥铎瑞斯瓦米家里。克里希那玛查亚一直不放心把他年轻的妻子一个人留在迈索尔。他觉得，最好让娜玛琪拉玛的一个弟弟去迈索尔陪她，直到他旅行归来。

由于是暑假，桑达拉同意去迈索尔陪他的姐姐。他觉得这就像免费度假，因为他的姐夫很乐意为他付火车票钱。桑达拉非常兴奋，他一直想参观迈索尔宫，体验这座城市所彰显出来的丰富文化内涵。

桑达拉当时不知道自己会如此幸运，将要访问当时在灵性、吠陀和瑜伽文献领域最渊博的大师之一，他只是单纯地被免费度假的想法所吸引。对于其他兄弟姐妹拒绝去迈索尔的事实，他也不以为意。

迈索尔是个与班加罗尔完全不同的城市。迈索尔的统治者是艺术的忠实赞助者，这座城市反映了这位统治者豪爽的文化品位。

桑达拉在迈索尔度过了一个丰富多彩的暑假。迈索尔的宫殿、花园、森林——他都一一参观了。他的姐夫很快就回来了。迈索尔给他提供了一个多姿多彩的暑假，桑达拉准备离开了。

班加罗尔有他最喜欢的侄子和侄女——他哥哥拉贾·艾扬格和姐姐西塔玛（Seetamma）的孩子，与哥哥姐姐相比，他们的子女在年龄上与桑达拉更接近。尽管健康状况时好时坏，但桑达拉很享受和侄子侄女们在一起的时光。他们一起踢足球、打板球，一起分享为数不多的美食，这一切都让他获得了家庭的归属感。

相较之下，克里希那玛查亚家清苦的生活就没有多少吸引力。当时，克里希那玛查亚夫妇育有两个女儿。桑达拉没有继续留在迈索尔的打算，但当克里希那玛查亚让桑达拉留在迈索尔完成学业时，桑达拉被迫同意了。一个没有父亲呵护的可怜小孩并没有选择的余地。

他费了千辛万苦从巴思扬那里弄来的推荐信发挥了应有的作用，这封信使他有资格获得迈索尔学校的部分奖学金。虽然他的心并没有完全留在迈索尔，但留在迈索尔的决定，开启了对桑达拉一生最具影响力的生涯。

02 - 古鲁的旅程

克里希那玛查亚的父亲是斯里尼瓦瑟·塔塔查亚（Srinivas Tatacharya），母亲是冉伽娜亚奇玛（Ranganayakiamma）[①]，他出生于 1888 年 11 月 18 日。他的父母生了 6 个孩子，他还有两个兄弟和三个姐妹。斯里尼瓦瑟采取古鲁之家（gurukul-like）式的教育模式，给自己的小孩教授吠陀和其他宗教知识。

虽然这听起来像田园诗一样美好，但古鲁之家式的学习生活既不美好也不轻松。对于这些年轻人来说，它是严格而艰苦的，只有最坚定的人才能从中受益。在这样的教学模式中，老师非常重要，并且是必须受到尊重的。塔塔查亚在凌晨 2 点就叫醒孩子们，让他们学习吠陀唱诵，并且练习瑜伽体式。除此之外，他们还必须掌握宗教仪轨。

克里希那玛查亚 10 岁的时候，他的父亲去世了，随后，他入读帕罗卡拉寺院（Parukala Math），对于南印度

① Desikachar, Kausthub, *The Yoga of the Yogi: The Legacy of T. Krishnamacharya*, New York: North Point Press, 2011

的毗湿奴信徒而言，这座寺院就像梵蒂冈一样神圣。帕罗卡拉寺院的祭司是斯里尼瓦瑟·塔塔查亚的祖父。这个职位除了在宗教上的重要性，还拥有相当大的政治权力，因为按照惯例，这座寺院的祭司还要担任当地王公的老师。

在曾祖父的指导下（他的曾祖父去世后，由继任祭司继续指导），聪明的克里希那玛查亚开始学习复杂的梵文语法分析（Vyakarana）、吠檀多理论和思择论（Tarka，逻辑学）。在十多岁的时候，他就开始与许多老师和访问学者进行辩论。

在刚满 16 岁时，克里希那玛查亚做了一个梦。在梦中，有人要求他前往阿尔瓦尔 - 蒂鲁纳迦利（Alvar Tirunagari），这个地方是从前南玛尔瓦禅坐修行所居住的合欢树的所在地。对于一个 16 岁的孩子来说，这是一段艰苦的旅程——步行 600 公里。他没钱乘坐更快捷的火车和汽车。白天，他在干燥炎热的卡纳塔克邦和泰米尔纳德邦腹地徒步，晚上在陌生人的走廊（thinnai）里休息。

到达之后，他遇到一位坐在树下的老人，他问这位老人在哪里可以找到南玛尔瓦的合欢树。这位老人什么话也没讲，只是动了动脑袋，给他指示了一个方向。根据老人指示的方向，克里希那玛查亚来到汤拉帕尼（Tamrapani）河畔的一片杧果林。因为长途跋涉，他精疲力竭，昏迷了过去……三位圣人出现在他的面前。他祈求这些圣人向他揭示《瑜伽密义》的内容。于是三位圣人用优美的声音向他教授了《瑜伽密义》。这时候，他注意到中间的那位圣人就是那塔牟尼。当他从昏迷中苏醒过来的时候，三位圣人都不见了，杜果林也无影无踪，老人也不见了，他的心里萦绕的只有那塔牟尼本人向他背诵的偈颂。

克里希那玛查亚的学生们都觉得《瑜伽密义》是古鲁创作的"经典"，因为克里希那玛查亚在背诵时经常变动它的内容，也可能是因为关于《瑜伽密义》来源的故事让人难以置信。

无论这个故事是真实的还是一个美好的梦境，克里希那玛查亚的人生目标现在已经清晰可见了。他必须去弘扬他学习到的知识。他觉得，要想让别人郑重其事地对待他，就必须具备广博的知识。

回到迈索尔之后，他研读各种论典（shastra），获得了教授（Vidhwan）的头衔，然而这个头衔却激起他更强烈的求知欲。

瓦腊纳西（Varanasi）具有丰富的文化、灵性和知识内涵，这让他怦然心动。在瓦腊纳西，他遇到了湿婆·库马拉·萨斯特利（Siva Kumara Sastri）。一天晚上，湿婆·库马拉把克里希那玛查亚叫到身边，把自己全部的梵语知识都传授给了这位年轻的学者。第二天，这位大师就完全丧失了说话的能力。

克里希那玛查亚在瓦腊纳西待了若干年，完全沉浸在吠陀、瑜伽和数论（Samkhya）的学习之中。在这些学科中他都取得了非常优异的成绩。

人们告诉他，如果想真正了解帕坦伽利（Patanjali）的《瑜伽经》，就应该去拜见西藏的罗摩·摩诃那·婆罗门查瑞（Rama Mohana Brahmachari）。因此，他拒绝了喀什（Kashi）王公（Maharaja）提供的优渥的工作机会，打算前往西藏。

神灵指引他遇到了东印度铁路公司的一位官员——斯里尼瓦斯·艾扬格（Srinivas Iyengar），这位官员对这个年轻人渊博的学识印象深刻，于是送给他一张终生乘坐火车的通行证，只要他愿意，他随时随地都可以乘坐火车。凭借这张铁路通行证，克里希那玛查亚前往西姆拉（Simla），等着拜会当时的总督寇松勋爵（Lord Curzon），寇松是唯一能授予他前往西藏旅行证件的人。此时，寇松勋爵因糖尿病卧床不起。但幸运的是，他的主治医生是克里希那玛查亚老师的儿子。这使他很容易地获得总督大人的接见。这个年轻人给总督留下了深刻的印象，他开始向克里希那玛查亚学习瑜伽，以控制自己的糖尿病。在6个月的时间里，总督的糖尿病得到了控制，随后，他不仅给予克里希那玛查亚去西藏旅行的证件，还为他提供两名助手，供其在旅途差遣。总督提出的唯一要求是克里希那玛查亚日后必须返回西姆拉，他想继续瑜伽的学习。

即使在今天，装备上昂贵的专业登山器材，带上搬运工，长途跋涉前往西藏玛旁雍措湖（Mansarovar）也是一种冒险，它需要在海拔 19500 英尺的寒冷崎岖地带，徒步穿越各种危险的环境。这要求身体和精神都处于非常健康的状态，而这还必须是在现代化便利设施触手可及的情况下。当帕塔比·乔伊斯（Pattabhi Jois）被人问及他的老师克里希那玛查亚的这次旅程时，根据报道，他当时泪流满面，说："如今，已经没有人能完成这样的行程了。"想想克里希那玛查亚当初完全是依靠他的信念踏上了这段艰难的旅程！没有预包装食物、没有保暖内衣、没有羽绒服，甚至没有一双合适的运动鞋。经过 22 天340 公里的步行，他们最终到达玛旁雍措湖，找到了克里希那玛查亚梦寐以求的老师。

在接下来的 8 年里，克里希那玛查亚全心全意地从他的老师那里汲取知识。学业结束后，克里希那玛查亚应该按照传统献上他的上师供养（guru dakshina），而老师要求他所做的供养就是返回家乡，以家人的身份生活，并弘扬瑜伽。克里希那玛查亚结束了改变他一生的旅行，仅仅带着老师的木拖鞋和老师女儿手绘的体式素描返程了。

从西藏回来后，应各地王公的邀请，他游历了许多公国。斋浦尔的王公要求他出任该公国教育学院的校长。克里希那玛查亚谢绝了，他还不想束缚住自己。

作为一名学者，他的声誉已经抵达他的故邦，他被邀请回到帕罗卡拉寺院担任祭司。拒绝这样的职位是不得体的，但是克里希那玛查亚要信守自己对老师的承诺。他必须完成他的上师供养，也就是说他要结婚，并且向全世界传播瑜伽。如果他接受祭司的职位，这两个任务都不可能完成。作为祭司，必须保持单身，而且只能专注于毗湿奴派的传承，这样他就不能从事瑜伽教学了。

他婉拒了担任祭司一职，开启了新的行程——前往根戈德里（Gangotri）、亚姆诺德里（Yamnotri），并且再一次踏上艰苦的西藏之旅。期间他还访问了若干公国，受到了王室成员的追逐，他们想让这位学识渊博的人为他们的宫廷和教育机构增添光彩，但都一一被克里希那玛查亚婉拒。

1924 年 8 月，在游学近二十年后，克里希那玛查亚对他想要掌握的所有学科都有了深刻而全面的了解，他决定，结束他的游学生涯。

现在，是回到故乡迈索尔的时候了。

艾扬格的家热闹极了。在厨房里，谢莎玛正用酥油在厚厚的铁锅里烤着豆粉（kadale mavu），她的女儿茹卡玛在用勺子搅拌糖浆。一直在厨房里闲逛喊饿的桑达拉被派去打扫院子。谢莎玛的另一个女儿西塔玛负责从邻居的花园里采摘金盏花。现在，她正在把这些花摆成某种形状，放在房子入口处用米团画出的图案（kolam）之间。房子的小窗户飘出了迈索尔甜点（Mysoor pak）的香味，这一切让爱管闲事的邻居们过来询问艾扬格一家是不是在等特别的客人。

楼上，那年刚满 12 岁的娜玛琪拉玛正试着将一条鲜红色的丝绸纱丽（Kanjeevaram saree）围在腰间。她的姐姐茹卡玛在婚礼上穿的也是这件纱丽。迈索尔甜点的香味分散了娜玛琪拉玛的注意力，所以她总是把带子系错。

在她来例假后，她才将一直穿着的裙子和衬衫（pavade）换成了九码的纱丽。她被许多事情所困扰。直到几个月前，每天晚上她还被允许和朋友们一起玩，而现在，她不得不待在家里帮妈妈做饭和打扫卫生。突然之间，她就要停止上学。在来例假的时候，她被迫坐在房子的一个角落，不能碰任何人或任何东西。更糟的是，她还不得不穿上那件让她苦恼不已的纱丽。她觉得自己永远也不会习惯这么多布料。

今天，那个来自喀什的先生要来见她。她从别人那里听说这位先生英俊潇洒。娜玛琪拉玛在脸上又涂了一层姜黄粉，这样，这位先生看到她，一定会觉得满意。她的兄弟姐妹们嘲笑她，并称呼这位先生为"喀什学者"（Kashi pandit）。她低头看着自己衣服上的褶皱，感到沮丧，对妹妹喊道："西塔玛……过来（inge vaango）。"西塔玛跑过来，手里拿着一些迈索尔甜点。如果婚事能在今天确定下来，小娜玛琪拉玛很快就再也吃不到母亲制作的迈索尔甜点了。

当西塔玛正在整理纱丽最后的褶皱时，他们听到父亲带着客人回来了。西塔玛刚要阻止，娜玛琪拉玛就已经跑到了窗前。从窗户里她初次瞥见了那个将要成为她丈夫的男人。她不确定自己是害怕还是激动，她的心中翻腾着从未遇到过的各种情绪。

当桑达拉第一次见到他姐夫时，他不知道克里希那玛查亚知识的渊博程度，也不知道他为了获得这些知识有过怎样的经历。毕竟，在那个时候，桑达拉最远的旅行是乘坐两个小时的汽车从他的家乡贝鲁前往班加罗尔。

桑达拉所看到的克里希那玛查亚是一个年长的男人，五官出众，剃着光头，戴着角质框眼镜，额头上有一个U形的艾扬格种姓印记。这些并没有给一个9岁的孩子留下什么深刻的印象。按照当时的习俗，人们对童婚习以为常。当时，克里希那玛查亚 37 岁，娜玛琪拉玛 12 岁。按照 9 岁的桑达拉的标准，克里希那玛查亚年纪太大，无法让他产生兴趣。

　　克里希那玛查亚需要一份稳定的收入，才能照顾好年幼的妻子，这给他的生活制造了一个困境。在结婚之初，这对夫妇非常穷，克里希那玛查亚不得不从娜玛琪拉玛的纱丽上撕下布料，给自己制作腰布（dhoti）。尽管他学识渊博，最后，他还是被迫穿上西方人的短裤，戴上遮阳帽（solar topee），在哈桑（Hassan）的一个咖啡园工作。他不想让 12 岁的妻子陷入窘迫，所以他接受了第一份工作，这份工作给他提供了稳定的薪水和一个栖身之所。

03 - 在迈索尔教瑜伽

1931 年，克里希那玛查亚受邀在迈索尔的梵文学院教学。他终于可以做他真正喜欢做的事，也能养家糊口了。然而在梵语学院的教学并没有持续很久，因为克里希那玛查亚容易动怒、要求严格，不太受学生们的欢迎。然而，克里希那玛查亚在迈索尔市政厅发表的一次关于《奥义书》的演讲引起了王公的注意，王公很快就接纳并提拔了他。

印度王公具有独断的权力，他们的故事数不胜数。海德拉巴王公（Nizam）的后宫有 42 位佳丽，对他来说，在周四纳娶一位妃子，在周五休了她，是一件稀松平常的事。帕蒂亚拉（Patiala）的王公仅仅因为劳斯莱斯展厅里的推销员对他态度粗暴，就买下了展厅里所有的汽车，并且将它们都改装成垃圾车！当时被人认为是世界上第二富有的迈索尔王公购买劳斯莱斯的数量常常是 7 的倍数，他曾经一次性购买 28 辆劳斯莱斯，以至于俗语里出现了"像迈索尔人那样行事"的说法。

但是，王公的钱并不只是浪费在个人享受上；迈索尔的王室成员是本土艺术的长期赞助人，他们积极支持印度文化的复兴，对哈他瑜伽的支持和弘扬已经持续了一个多世纪。他们一直在延揽学者和修行者，以此来提高王室的威望。迈索尔王室觉得克里希那玛查亚是一颗新的明珠。

迈索尔王公纳尔瓦迪（Sri Sir Nalwadi Krishnaraja Wadiyar Ⅳ）是一位哲王。学者们将他比作柏拉图《理想国》里的理想统治者，圣雄甘地（Mahatma Gandhi）称他为"圣王"（Rajarishi）。他广受臣民和全世界的尊敬。他对迈索尔充满热情，想让它成为全印度最伟大的城市。为此，他资助了一些具有前瞻性的项目，使迈索尔邦成为亚洲第一个用水力发电、第一个拥有路灯的地区。他对经济发展的重视程度不亚于对文化和艺术的重视，只要他看到好的事物，就会立即引进到迈索尔。

这位患有糖尿病的王公非常热衷于重建瑜伽练习和疾病疗愈之间的联系，而这在英国统治（British Raj）期间是遭到强烈反对的。王公完全被克里希那玛查亚和他渊博的学识所吸引，他将迈索尔王宫的体育大厅捐出来，用作克里希那玛查亚私人的瑜伽学堂（Yogashaala）。王公从瑜伽中得到了很大的受益，因此成为克里希那玛查亚的一位主要赞助人，而且他还全心全力去宣传瑜伽。

克里希那玛查亚的智慧和能力赢得了王公的信任和友谊。从邦国大事，到购买马匹，渐渐地，在一切事情上，王公都依赖他。

迈索尔王宫的瑜伽学堂最初是为王公和王室成员建立的，如同一个不对外开放的俱乐部。那时，需要王公的特许，外人才允许进入。

尽管被王公雇用给了克里希那玛查亚某种安全感，但一些恶意诋毁的人断言，克里希那玛查亚醉翁之意不在酒。这位一直以来以精神自由、行为独立自许的修行人将被迫对自己的一些理念进行妥协。这在一定程度上是因为王公积极推动去改变瑜伽的传统概念，并将其重新包装成吸引大众的主题。20世纪30年代的印度仍然对西方的审美标准和健身文化充满热情，这要求克里希那玛查亚也必须让瑜伽产生同样的吸引力。

克里希那玛查亚体态轻盈，面容严肃，几乎秃顶的头上顶着一缕婆罗门式的头发，这不太可能是印度完美身材的象征。这个身材矮小、肢体细长的婆罗门男子将与西方健美界的明星们展开较量，这些健美明星中最著名的是尤金·山道（Eugen Sandow）。

山道是一名健美运动员，也是国际上的性感象征，拥有大批印度粉丝。据报道："他能够激起女性对他的狂热，就像四十多年后披头士乐队对女性观众的影响力一样。"他在印度的绰号是"山道力士"（Sandow pahalwan），他深受王室和印度普通人的欢迎。据报道，1904年他访问孟买时，曾私下接见了一群仍遵循深闺制度（purdah）的帕西妇女。给她们教完锻炼方式后，这些女士从珠帘后面前探身躯，想要摸一摸他的肱二头肌。

在山道结束印度的行程时，他已如狂风般前所未有地攫取了印度的注意力。民族主义领袖呼吁大家追求身体的健美，将之作为追求印度独立的第一步。虽然山道只访问过印度一次，但随之而来的狂热持续了几十年。他的健身理论如此受欢迎，以至于在他访问印度近半个世纪后，直到20世纪50年代，许多印度人还在报名参加以他名义举办的健身函授课程。山道所具有的强大影响力激起了人们对体育文化高涨的热情，其他类似的体育爱好者也在世界各地涌现。

瑞典浪漫主义诗人亨里克·林格（Henrik Ling）似乎对迈索尔的体育文化产生了不可思议的影响。这位文艺复兴时期的诗人主动承担起了重振日渐衰落的北欧公民体育文化的重任。特别是在1809年的战争中，北欧惨败于俄罗斯之后，他通过一系列的器械体操、自由站立练习、站立和弓步练习创立了全套的运动养生法。事实上，他在医疗体操和治疗方面的工作被认为是现代物理疗法的先驱。他的养生法简单而经济，因此在全世界都很受欢迎，在印度更是受到热烈的追捧。

尼尔斯·布克（Niels Bukh）是一名丹麦体操运动员，他创造了6组连续的伸展和强化练习（非常类似于跳跃式的阿斯汤加串联动作）。

伯纳尔·麦克法登（Bernarr Macfadden）是世界健康领域一位颇具争议的人物。为了让自己的名字听起来更像狮子的吼声，他将"伯纳德"（Bernard）改为"伯纳尔"，他还倡导性爱是为了快乐而不是为了繁衍，这些都在健康界激起了许多涟漪，因为健康界一直与自律、节制相连，并不寻求无节制的快乐。伯纳尔坚信生食和禁食的好处，并创建"健康中心"（healthatorium），为美国各地的年轻人提供体育锻炼项目。

在世界各地，健美和举重训练吸引了越来越多的追随者。20世纪30年代被认为是健美运动的黄金年代，在印度也是如此，健身房遍地开花，健美比赛也越来越受欢迎。它们中的大多数都遵循林格和布克创建的系统，也不可避免地受到麦克法登和山道的启发。

对试图超越自身、追求现代化和独立的印度来说，相形之下，瑜伽课程就像健身运动的乡下穷亲戚，缺乏丰富多彩的名人效应。对于一个正在重塑自己命运和世界地位的新兴国家来说，与禁欲和出世紧密相连的瑜伽似乎是完全不合时宜的。

离克里希那玛查亚的体式教室只有一箭之遥的地方，就是艾耶尔体育馆（K.V. Iyer Gymnasium）。[①] 朝气蓬勃的年轻人一窝蜂地前往那里，追求完美的体格。

很快，迈索尔瑜伽学堂的首要任务就变成了改变人们对瑜伽的看法，克里希那玛查亚面临着为新兴印度重新包装瑜伽的艰巨任务。在过去，瑜伽一直被认为是一种衰弱和过时的体系，现在要让人们将之视为一种充满活力的本土文化，并且让人们相信，依靠几千年的智慧做后盾，瑜伽一定能引领年轻人迈进新时代。在迈索尔大学（Mysore University）举行的众多示范表演——桑达拉后来也参加了其中的许多活动——旨在吸引已经被西方体系的魅力所征服的普罗大众。示范表演的目的往往是为了娱乐大众，用壮观的场面吸引人们回到他们原本认为已经过时的传统中去。

批评蜂拥而至，人们指责克里希那玛查亚为了推广瑜伽，将之与健身和体操结合起来，以此吸引眼球。他以前的一些学生后来诋毁他的做法，将之比作"马戏表演"。对于那些精通瑜伽哲学，并在印度灵性思想方面取得很高文凭的人而言，瑜伽学堂的课程似乎没有

---

① Singleton, Mark. *Yoga Body: The Origins of Modern Posture Practice Mark*, United Kingdom: Oxford University Press, 2010

体现出应有的深度。克里希那玛查亚早期的学生冉迦查（Rangachar）和萨尔玛（T.R.S. Sharma）认为，瑜伽学堂将注意力完全集中在"身体的轻盈"（angalaghava）上，很少关注总持（dharana）、禅那（dhyana）和三摩地（samadhi）的瑜伽层面。同样的责难后来也指向了桑达拉。

04 - 桑达拉和他的古鲁

作为一名老师，克里希那玛查亚让人无法预测，并且是冲动、喜怒无常的。在教学纪律方面他作风老派，经常以出人意料的方式发脾气。年轻的桑达拉觉得自己如履薄冰，和这位伟人生活在一起，他总是紧张不安，他害怕和古鲁相处，因为一不小心，他就会成为对方的出气筒。

虽然桑达拉一开始喜欢上学，但这很快就变成了一件苦差事，因为古鲁不允许他把新结识的朋友带到家里玩。放学之后，他也不能去其他任何地方。由于无法与同学们打成一片，他从大家的视线中消失了，变得孤独、没有朋友。

虽然克里希那玛查亚要求这个小男孩练习瑜伽体式，但没有给他提供任何辅助工具。由于没有接受任何正式的体式训练，桑达拉努力将他健康不良的身体扭曲成他观察到的姿势，但他的身体完全不听使唤，过去长年累月的疾病使他变得虚弱而僵硬；根据他自己的说法，他当时在做直腿前屈动作的时候，甚至无法将中指触到膝盖！克里希那玛查亚很快对他失去了兴趣，也没有邀请他去瑜伽学堂。在他搬到迈索尔后的几个月里，他甚至连瑜伽学堂在哪里都不知道。他很明显地感到自己受到了冷落和忽视。

对桑达拉来说，这是一种艰辛的生活，甚至比克里希那玛查亚早年的生活还要艰难得多。桑达拉很早就要起床做家务，从井里打水，给花园浇水，洗衣服。他要去上学，回家后还要做更多的家务。如果这些事情没有达到克里希那玛查亚的严格标准，那么令人恐惧的责罚就会像雨点般落在桑达拉的背上。

晚上，桑达拉在睡觉之前要花很长时间给古鲁的脚做按摩。如果他的指甲刮伤了古鲁柔嫩的肌肤，他就会遭到痛击。如果他因为太困倦而打了一下盹，古鲁就会凶巴巴地叫醒他，给他一记响亮的耳光。

他还经常因吃不饱而饥肠辘辘，这似乎将他的世界涂上了一层凄凉的灰色。有时候，古鲁家里提供给他的食物让人难以下咽，因为这些食物通常是腐烂发臭的。如果他不吃饭，或者扔掉这些食物，也会激起克里希那玛查亚的怒火。后来，当再拿到无法下咽的食物时，桑达拉发明了新的处理方法：他会溜进浴室，把这些食物扔到窗外的空地上。当人备受饥饿折磨的时候，还要去扔掉食物，内心一定非常痛苦。

桑达拉和其他学生一起住在外屋。当克里希那玛查亚不在家时，桑达拉的姐姐有时会把桑达拉叫到厨房，给他吃家里剩下的食物。她也很害怕丈夫发怒，所以不敢公开这样做。在饥饿的驱使下，桑达拉会在深夜蹑手蹑脚地走进姐姐和克里希那玛查亚住的主屋里。他从那里偷偷溜进厨房，偷些剩饭剩菜。有时候，他会孤注一掷，从姐姐那里偷钱给自己买吃的。从姐姐那里偷东西，让他的良心感到不安。他后来说："饥饿会让人无恶不作。"[①]

当桑达拉的母亲来看望儿子时，可能因为要多供一个人吃饭，克里希那玛查亚被惹怒了，他曾一度把母子二人都赶出家门。古鲁为什么如此暴躁？这让人捉摸不透。可能因为他觉得桑达拉的存在是一种经济负担，所以用各种方式表达自己的不满；他也可能是对桑达拉僵硬、虚弱的身体感到恼火；还有可能是桑达拉性格中的某些特质以错误的方式激怒了他的古鲁。另一方面，不难想象，作为一个敏感的孩子，桑达拉可能夸大了他所遭受的冷落。但是，尊严和身体不断遭受古鲁粗暴对待的人，并不只有桑达拉一个。克里希那玛查亚的一个婆

---

① Iyengar, B.K.S., *Iyengar, His Life and Work*, New Delhi: Timeless Books, 1988

罗门学生记得自己经常被古鲁打——在被他打后，你会觉得他的五个手指还留在你的脸上。[1]

桑达拉的妹妹贾亚拉希米（Jayalakshmi）在迈索尔住了一段时间，也领教了克里希那玛查亚的怒火。[2] 在许多泰米尔家庭中，准备和享用早晨的咖啡类似于一种宗教仪式。在此期间，人们需要用特制的过滤设备、咖啡豆和玻璃杯，再通过合适的时间将牛奶、水和糖煮到最佳的温度，然后将它们从平底杯倒到配套的小容器中，才能保证咖啡在热气腾腾的同时，表面还漂浮着漂亮的泡沫。克里希那玛查亚花了很长时间教贾亚拉希米如何煮出完美的咖啡。他觉得这是一种很有用的技能，因为她马上就要出嫁了。贾亚拉希米将咖啡从一个杯子倒到另一个杯子，以获得足够多的泡沫，然后将刚准备好的咖啡放在桌子上等克里希那玛查亚享用。当她把咖啡放在桌上时，一滴咖啡突然从杯沿上滴了下来，落在桌子上。

克里希那玛查亚一开始还算理智，但很快就勃然大怒。"你马上就要结婚了。如果你在丈夫家还这样，那怎么办？"他咆哮道。他拿起不锈钢杯扔向这个年轻的女孩。杯子的边缘划破了她的头皮，留下的伤疤几十年后还清

[1] Kadetsky, Elizabeth. *First There is a Mountain: A Yoga Romance*. United Kingdom: Little, Brown and Company, 2004

[2] 同上

晰可见。"古鲁吉的手劲很大。"贾亚拉希米后来面无表情地说。

某天清晨，克里希那玛查亚来到桑达拉面前，响亮地扇了他一巴掌。桑达拉既惊讶又伤心。

"为什么打我？"他眨着眼睛，一边抹去闪烁的泪水，一边问他的古鲁。

克里希那玛查亚气得声音发抖，他说："你在问我吗？"又给了他一巴掌。[①]

"我们不应该问'为什么'这个问题。"克里希那玛查亚过去的一位学生解释道。

和古鲁在一起，由于不确定下一刻会发生什么，桑达拉生活在不安之中。"古鲁的知识深不可测，他的情绪也深不可测。读懂他的心思并不容易。他有时候持某种观点，但在另外的时候又持相反的观点。他要求我们无条件地接受和服从。如果我做一个普通的双盘动作，先盘左腿，他会说，先盘右腿；如果我先盘右腿，他会说，先盘左腿；如果我站着，他会说：'是这样站的吗？'我换一个姿势站着，他会说：'谁让你变动姿势的？'这样的生活让我困惑不已。年龄的差异使我心里害怕，他的出现就像一场可怕的噩梦。"桑达拉在他 70 岁生日的回

① Kadetsky, Elizabeth. *First There is a Mountain: A Yoga Romance*, United Kingdom: Little, Brown and Company, 2004

忆录中如此写道。[1]

当桑达拉对《瑜伽经》表现出兴趣时，克里希那玛查亚说："不要用你那不纯洁的嘴念诵这些经文。"当克里希那玛查亚给其他学生教授瑜伽哲学时，他让桑达拉站在花园的最后面。他经常提醒桑达拉，说给他提供饮食是一个负担，占用了克里希那玛查亚一家原本有限的资源。

一天，在绝望中，桑达拉徒步16公里来到河边。他受够了，决定结束自己的生命。古鲁的直觉能力相当强，他感觉到不对劲，于是借了王公的王室汽车，开着车在城里四处寻找他年幼的妻弟。就在桑达拉要结束他珍贵的生命之前，古鲁开着汽车赶来，阻止了悲剧的发生。他把桑达拉塞进汽车，然后带着他回家了。桑达拉被托付给他，如果投河自尽了，他会受到不好的牵连。

1934年，克里希那玛查亚将一个名叫克萨瓦莫塞（Keshavamurthy）的孤儿带回家中。[2] 他为这个男孩举行了圣线仪式，让他成为婆罗门的一员，并开始教他瑜伽。这个男孩天赋很好，体式动作完成得优雅、有力，而桑达拉却没有这样的能力。桑达拉并没有嫉妒，也没有耍

[1] *70 Glorious Years of Yogacharya B.K.S.Iyengar*, Kirloskar Press, 1990 12 B.K.S.Iyengar and others, *Body the Shrine, Yoga thy Light*, India: Tata Press, 1978

[2] B.K.S.Iyengar and others, *Body the Shrine, Yoga thy Light*, India: Tata Press, 1978

脾气，而是拥抱这个年轻人，让他进入自己的生活。他成为桑达拉在苦难中的同伴，也是他的第一个朋友。桑达拉觉得这个年幼的孤儿必成大器。克萨瓦莫塞虽然是克里希那玛查亚的宠儿，但也并没有逃脱桑达拉所承担的家务。在太阳还没升起的时候，这两个少年就会被从床上拖起来给花园浇水。通过管道浇水的做法在当时还没有出现，为了保证所有的植物都得到浇灌，他们必须从水井提上一桶又一桶的水。这两个男孩常常感到困倦，这时候，他们就会关上前门，来到花园，依偎在为葫芦藤架起的棚子下打瞌睡。克里希那玛查亚非常热衷于花园的经营。但他一定很惊讶，为什么即使有两个男孩在照料，但花园依然没有什么起色。

并不只有学生才害怕克里希那玛查亚。关于他坏脾气的故事很有传奇色彩，当镇上的人看到克里希那玛查亚朝着他们走来时，他们会识趣地穿过马路，走到对面的人行道上去。

1935 年 5 月，因为父亲的逝世纪念日，桑达拉前往班加罗尔。他觉得这是一种解脱，摆脱了姐姐家压抑的气氛，他沉浸在自由的感觉中。他哥哥拉贾·艾扬格的一位租客是律师，他从这位律师那里借了一辆自行车。跟往常一样，他以极快的速度骑着自行车，结果出了车祸。虽然他没有受伤，但自行车摔坏了，修理费需要 4

卢比 8 安纳——对一个没有生活来源的穷困学生来说，这是一笔很大的金额。幸运的是，他最喜欢的姐姐西塔玛对他伸出援手，付了大部分的钱，剩下的部分由他自己通过帮别人做家务赚取。

当他回到迈索尔的时候，克萨瓦莫塞已经离开了。那个孤儿带着光明的梦想而来，突然之间，如同一团被强烈的阳光照射过的雾气，悄无声息地消失了。事实证明，克里希那玛查亚的要求过于苛刻，以至于让克萨瓦莫塞无法承受。[1]

克里希那玛查亚原本计划 1935 年 9 月在迈索尔王宫举办一场瑜伽表演，但是他的得意门生却溜之大吉。于是，他的目光转向了年幼的桑达拉。克里希那玛查亚为桑达拉举行了圣线仪式，并开始教他"歌雅特瑞·曼达拉"（Gayatri Mantra）。桑达拉没有克萨瓦莫塞一半的灵活，也没有他一半顺从，但是克里希那玛查亚没有别的选择。因此，他不情愿地接受了桑达拉成为他的弟子。

在三个月的时间里，桑达拉从一个笨拙、软弱、固执的男孩变成了明星学生。桑达拉必须努力克服他身体的僵硬，以及一直虚弱的体质对他造成的影响。几年之后，桑达拉才开始享受瑜伽练习。最初的几年太辛苦、

---

[1] B.K.S.Iyengar and others, *Body the Shrine, Yoga thy Light*, India: Tata Press, 1978

太痛苦、太机械，他的心灵无法承受。

由于在王宫进行演出，桑达拉得到了迈索尔王公的赏识，并获赠 50 卢比，这是他的第一笔收入。在当时，这相当于一名政府雇员一个月的平均工资。这一定是桑达拉继续坚持下去的强大动力。

克里希那玛查亚要求桑达拉把钱存入某个邮局账户，几年之内都不能取用。桑达拉没有听他的，把钱存进了银行。这样，当特别饿的时候，他就可以给自己买食物。

升格为弟子后，桑达拉原本就排得满满的日程增加了新的义务。他不仅要在 4 点半起床给植物浇水，然后还要学习到早上 7 点。7 点半的时候，克里希那玛查亚的一些学生就会来到古鲁的家里，学习一些很难的体式，而桑达拉则负责教他们。到了 8 点半，他才有足够的时间洗澡，放学之后他还要去瑜伽学堂学习、帮忙。

从学校去瑜伽学堂只有 10 分钟的路程，但古鲁不允许他直接从学校去瑜伽学堂，这对桑达拉似乎是不合情理的严苛要求。在古鲁不合理的坚持下，桑达拉被迫步行 5 公里回家，把课本收好，再绕回瑜伽学堂。[1] 哪怕克里希那玛查亚提出了最不合理的要求，也没有学生敢提出质疑。

---

[1] B.K.S.Iyengar and others, *Body the Shrine, Yoga thy Light*, India: Tata Press, 1978

怪不得桑达拉和古鲁的关系是矛盾的——一方面，克里希那玛查亚给予他的是继父般的管教方式；另一方面，按照传统，弟子应该对古鲁无条件地崇拜。桑达拉似乎一直在这二者之间苦苦挣扎。

在对自己早年生活进行回忆时，桑达拉说："我的姐夫虽然心地善良，但脾气却很暴躁。"在晚年的回忆里，桑达拉没有提到任何一则古鲁仁慈的例子。也许对他而言，克里希那玛查亚的善良被更多痛苦的记忆抹去了。

1935 年，来自马德拉斯（Madras）的法学专家斯里尼瓦斯·艾扬格应邀来到瑜伽学堂。[①] 克里希那玛查亚要求他的每一个学生都表演一些体式。他知道其他学生不会做哈努曼神猴式（Hanumanasana），就让桑达拉演示这个体式。桑达拉声称他不知道这个体式，试图逃避这个任务。"一条腿伸在前面，一条腿伸在后面，然后笔直地坐着。"古鲁这样教导他。古鲁的语气和脸上的表情让他无法再找任何借口。桑达拉感到心跳加速，他低声地告诉古鲁，他穿的是紧身短裤（Hanuman chaddi），无法伸展双腿。[②] 这种短裤通常缝得很紧，大腿和布料之间，连手指都无法塞进去。因为贴得太紧，布料常常把大腿勒

① *70 Glorious Years of Yogacharya B.K.S.Iyengar*, Kirloskar Press, 1990
② *Astadala Yogamala* Vol.1: *The Collected Works of B.K.S.Iyengar*, New Delhi: Allied Publishers, 2000

出永久的印痕。桑达拉希望用这个借口逃过一劫。克里希那玛查亚对桑达拉这样敷衍自己感到愤怒，他命令一个名叫巴特（C.M. Bhat）的学生拿来一把剪刀。接着，克里希那玛查亚将那条让他恼怒的短裤两边各剪一刀，足以让人活动，这样桑达拉就没有任何借口了。桑达拉强迫自己做出完整的姿势。在做这个动作的时候，他感到自己的腿筋被撕裂，一团橘红色的火焰从他的大腿上烧了下去。这次所受的伤数年之后才得以痊愈。而他在精神上所受到伤害也是在多年之后才得以恢复。

严苛的日程安排使桑达拉睡眠不足，对学习失去兴趣，他几乎没有精力熬过这样的日子。中学毕业考试迫在眉睫，由于几乎没有时间投身于学业，他对自己是否能够通过这次考试很不自信。但是他也不能不尝试就放弃。他又东拼西凑，费了好大的劲才筹到考试费。他鼓足所有的勇气，参加了5月学校的毕业考试。在6月份结果出来之前，他有一个月的假期，但即使他忙着愉快地度假，失败的阴云也依然在他的头顶盘旋。

当成绩公布的时候，他失望地发现自己其他各门功课都及格了，但是英语差了3分。按照相关的规章制度，因为英语不及格，他没有资格进入任何一所大学。

这位来自卡纳塔克邦一个小村庄的年轻人，几乎没有接触过英语，他的英语老师自己也几乎不会说英语，由于英语成绩差了 3 分，就丧失了接受进一步教育和获得好工作的机会，对他来说，这似乎是不公平的。

上天似乎是为了弥补他在毕业考试中的失败，在随后参加的瑜伽学堂认证考试中，他在所有科目中都获得了 98 分的成绩。命运之神似乎在指引着这个男孩未来的人生道路。

1935 年 12 月，世界基督教青年会在迈索尔召开。[①]既然克萨瓦莫塞无礼地离开了，克里希那玛查亚就必须把注意力集中在桑达拉身上，让他成为吸引人的亮点。表演前一周，古鲁让桑达拉去见他，并就最困难的一些体式给桑达拉做了 3 天的指导，其他人都不能掌握这些体式。桑达拉的身体经受了阵阵剧痛，每一块肌肉都疼，但他坚持了下来。然后古鲁希望他在没有进一步监督或帮助的情况下，自己完善这些体式的练习，直到满意为止。这是他的古鲁第一次把这么重要的事情托付给他，他不能让古鲁失望，也不能让自己失望。他做到了。

瑜伽表演取得了巨大的成功，桑达拉又赚了 50 卢比，观众也对他大加赞赏。更重要的是，古鲁祝贺了他，说从未想过他仅仅接受了 3 天的指导，就会有这样的表

① B.K.S.Iyengar and others, *Body the Shrine, Yoga thy Light*, India: Tata Press, 1978

现。为了让自己的身体适应这些复杂的体式，桑达拉付出了巨大的努力，这让他在接下来的几个月里饱受疼痛和肌肉酸胀的折磨。另一方面，他正在锻炼另一块"肌肉"，这在未来的岁月里将对他大有裨益，这块"肌肉"就是不屈不挠的意志。

克里希那玛查亚认为，学生们必须随时随地为表演做好准备，不能有任何问题。如果谁拒绝这样做，就会受到惩罚：在做出完美的体式之前，不能喝水，不能吃东西，不能睡觉，还要给古鲁按摩腿，直到他满意才能停止。如果他们的手指累了，或者困了，放慢了速度，古鲁就会赏他们几个耳光，在他们的脸上留下火辣辣的烙印。

桑达拉对体式产生了进一步的兴趣。虽然他在瑜伽考试中表现很好，但他对自己在某些体式上的表现并不满意。无论如何，他在世间的学业生涯已经终结了。当时，其他所有的人生选项都对他关闭了，他开始致力于完善他的体式练习。

迈索尔王宫不断地接待来自世界各地的贵宾。这一年，斯瓦米·尤加南达（Swami Yogananda）作为王公的客人来到迈索尔。尤加南达后来写了《一个瑜伽行者的自传》（*Autobiography of a Yogi*），这本书被世界各地的图书排行榜誉为 20 世纪 100 本最重要的灵性书籍之一，还被称为

"改变了100万人生活的书"。尤加南达在迈索尔的行程是他为期一年的印度之旅的一部分。他已经在美国生活了15年，并在加州洛杉矶创建了"自我觉悟协会国际中心"（International Center for Self-Realization Fellowship）。

在迈索尔的瑜伽学堂，克里希那玛查亚的瑜伽技巧给尤加南达留下了深刻的印象，尤加南达毫不吝啬地公开赞扬他。随后，尤加南达注意到这个身体灵活、已经堪称明星学生的桑达拉，他问克里希那玛查亚是否可以把这个男孩带回美国。[①]

刹那间，桑达拉心里泛起了波澜，仿佛已经到了美国。他看到自己在上学，在舒适的家里过着舒适的生活，远离迈索尔每天的压抑状态和持续不断的饥饿。

但克里希那玛查亚的心中突然萌生出慈爱。"不，"他提出了反对，"这是我的妻弟。我们要对他负责。我不能让他去那么远的地方。"也许，因为克萨瓦莫塞的离去，克里希那玛查亚觉得自己现在要依靠已经从丑小鸭变成天鹅的妻弟了。不管出于什么原因，克里希那玛查亚拒绝了，他补充说，如果斯瓦米下次访问印度，桑达拉可能会作陪。然而，这并没有实现。

桑达拉的父亲虽然预言他将会拥有幸福的生活，但

---

① B.K.S.Iyengar and others, *Body the Shrine, Yoga thy Light*, India: Tata Press, 1978

是桑达拉并没有因成为尤加南达的弟子而一夜成名。他还需要刻苦奋斗很多年。

与此同时，古鲁并没有把所有的知识对其倾囊相授，这让桑达拉很担心。他回忆道，有一次，两名法国医生——特勒萨·布罗斯（Therese Brosse）和查尔斯·劳布瑞（Charles Laubry）访问迈索尔。作为心脏病专家和瑜伽爱好者，他们在迈索尔待了将近 3 个星期，观察克里希那玛查亚和桑达拉以及其他学生的练习。他们使用一系列现代仪器来测量不同类型调息的效果。[①]

最后一天，他们把克里希那玛查亚和一台心电图机连起来，测量他的心跳和脉搏。一切都在正常地进行着，突然间，机器上的波动戏剧性地停止了，持续的节律也渐渐消失，所有的闪光灯都熄灭了，机器有一段时间没有任何反应。医生们惊慌失措地宣布克里希那玛查亚的心脏停止了跳动。然而，几分钟后，机器又恢复了正常、有节奏的波动，好像什么都没发生过一样。

克里希那玛查亚刚刚以一种西方人无法反驳的方式证明，他可以随意停止心跳。年轻的桑达拉目睹了这一奇迹，对古鲁能够控制无自主性的器官感到惊讶。对他来说，这也不可辩驳地证明古鲁并没有将所学的精髓传

---

① Kadetsky, Elizabeth. *First There is a Mountain: A Yoga Romance*. United Kingdom: Little, Brown and Company, 2004

授给弟子们。

尽管在迈索尔度过的时光是桑达拉年轻时最痛苦的回忆，但这也是塑造他性格的时期。他坚韧不拔的意志、在无尽黯淡的境遇中保持自信的能力、在经受疾病和营养不良摧残之后重塑身体的能力以及学习、实验、发现的能力——所有这些积极的品质都帮助他成为日后的艾扬格。

在现代瑜伽界，克里希那玛查亚的遗产就像一条古老的河流，既深入，又宽广，蜿蜒出许多的支流。在某种程度上，他是世界上大部分瑜伽练习者的"祖师爷"（dada guru）。除了艾扬格之外，克里希那玛查亚还有其他几位杰出的学生，他们构建了我们今天所熟知的瑜伽世界。

英蒂拉·德菲（Indra Devi）被认为是西方瑜伽之母，她是瑞典银行家和俄罗斯女演员的后代。英蒂拉·德菲出生在拉脱维亚，原名珍尼娅·拉邦斯卡娅（Zhenia Labunskaia）。她是在银行家未婚夫的资助下来到印度的，这本来是她最后一次单身旅行，但她却爱上了这个国家。她将订婚戒指还给未婚夫，回到印度，成为克里希那玛查亚的第一位女学生。①

---

① http://www.yogajournal.com/article/philosophy/krishnamacharya-slegacy/

帕塔比·乔伊斯（Pattabhi Jois）在 12 岁时参加了克里希那玛查亚在哈桑的一次讲座，随后成为他的学生。3 年后，他从家里逃到迈索尔，成为克里希那玛查亚最忠实的追随者之一。

克里希那玛查亚的儿子德斯卡查尔（Desikachar）曾经一度投身于土木工程领域，经过一条比其他人更漫长、更曲折的道路之后才进入瑜伽界。

克里希那玛查亚是许多瑜伽流派的源头。

"你可能从未听说过他的名字，但是克里希那玛查亚影响，甚至发明了你所学习的瑜伽。不管你是学习帕塔比·乔伊斯动态系列，艾扬格的精准的体式设计，还是英蒂拉·德菲的经典体式，或者德斯卡查尔的常规串联瑜伽，你所练习的瑜伽都有同一个来源：一百多年前出生于南印度小村庄的一位身高五尺二寸的婆罗门。"在 2011 年 5 月的《瑜伽杂志》(*Yoga Journal*)里，费尔南多·P. 鲁伊斯（Fernando Pages Ruiz）写下了如上的文字。

1936 年，王公要求克里希那玛查亚和他的团队启程前往卡纳塔克邦北部。作为随行人员中最年幼者，桑达拉必须为团队里的长者服务，也就是说，他需要服务所有人，他必须每天早起为他们打洗澡水。因为卡纳塔克邦中部的地下水位很低，他必须从 50～60 英尺深的水井里取水，由于每天要打几十桶水，他手掌上的皮都磨破了。他找到年纪较大的学生，告诉他们，除了古鲁，他不能为其他人继续打水。他告诉他们，其他的人都要自己动手。这引起了大家的敌视和抱怨，大家议论纷纷，说桑达拉蔑视克里希那玛查亚的安排。最后，这传到了古鲁的耳朵。古鲁把桑达拉叫过去，告诉他说既然已经被指定为每个人取水，就应该有始有终。桑达拉向古鲁展示了被磨破的双手，并告诉古鲁，自己再也不愿意为其他人做这样的粗活了，即便古鲁在接下来的几天里对他冷若冰霜，也没能让桑达拉回心转意，继续为大家服务。不管如何，这次的抗议帮助他找回了尊严。尽管克里希那玛查亚嘲笑他，称他为"长官"，暗示他长大了，翅膀硬了，但他还是允许桑达拉和其他学生一起在公共场合做示范表演。[①] 桑达拉赢了这一局。

他和古鲁一起在哈瑞哈尔、达尔瓦和胡布利这些城镇旅行，这是桑达拉第一次接触到更广阔的世界。在这次旅行中，这个没有通过毕业考试的男孩发现自己可以和教授、学生、医生及他们的家人打成一片。瑜伽课程引起了学术界浓厚的兴趣。

20 世纪 30 年代，印度妇女正试图在社会中找到自己的立足之地。当时，深闺制度还在全国范围内推行。

---

① *70 Glorious Years of Yogacharya B.K.S.Iyengar*, Kirloskar Press, 1990

受到圣雄甘地的鼓舞，更多的妇女进入社会领域，积极参与政治活动。然而，由于受到男权制度的影响，妇女的活动仍然受到限制，这种限制需要几十年时间才能消除。桑达拉正是从这样的状况获得了好处。

达尔瓦的一些女性——大部分是克里希那玛查亚教过的医生和教授的家庭成员，要求单独为她们开设一门课。尽管她们热衷于学习瑜伽，但她们并不想和男性一起学习。17岁的桑达拉还没有发育完全，也不像其他人那样具有成熟的男子气概，没有什么威胁性，对于这群年轻女性来说，他才是最安全的老师。当桑达拉抗议说他对教学一窍不通时，克里希那玛查亚说："尽力去教就可以了。"桑达拉不确定该把这件事看成一桩美事，还是看成古鲁安排的任务，但还是开始了他的第一次教学任务。桑达拉开始指导这群充满活力的少女，她们认为桑达拉很安全，在他面前谈论自己的私房话。在瑜伽教学上，桑达拉总算牛刀初试。

这件事虽然不怎么起眼，但却是瑜伽教学在未来成为一种炙手可热的职业的开始。

当克里希那玛查亚的团队离开时，达尔瓦学院（Dharwar College）的教授们希望有人能留下来继续教授瑜伽课。克里希那玛查亚推荐了一位名叫潘杜朗加·巴塔（Panduranga Bhatt）的学生，但是教授们不同意。桑达拉已经在知识界留下了自己的印记，他们坚持要桑达拉留下来，不想要其他人。即使克里希那玛查亚抗议说，这名学生年纪太小，无法教学，但他的抗议被断然拒绝。

桑达拉在达尔瓦待了一个半月——教学、分享、学习。在预定的教学期限结束时，教授们和他们的家人送了他很多礼物——衣服、银杯子、回迈索尔的火车票，还有一条送给他老师克里希那玛查亚的披肩。桑达拉回到了迈索尔，这次所获得的丰富经验稍微缓解了他对未来的迷茫。

05 - 初涉征程

在达尔瓦的教学经历获得了正面的反馈之后，1937年2月，桑达拉被安排前往迈索尔邦的几个地方巡回教学，他满怀热情地启程了。但很快他意识到，瑜伽还不是一种稳定的收入来源，他发现经常需要用私人积蓄来付自己的旅费，并没有什么机会增加收入。

他的下一个任务是给卡纳塔克邦科拉塔戈瑞（Koratagere）的纳拉辛迦饶（Narasingarao）先生治病，他患上了水囊肿，水囊肿导致的睾丸肿胀会让病人感到非常不舒服。不幸的是，纳拉辛迦饶是个投机取巧的人，疾病被治愈后，他并不觉得有必要给老师一些酬劳。困窘的桑达拉垂头丧气地回到了迈索尔。

在这之前，当克里希那玛查亚和他的团队在贝尔关（Belgaum）举行示范表演的时候，引起了当地一位名为高凯尔（V.B. Gokhale）的移民体检医生的注意。高凯尔医生是位杰出的医生，当圣雄甘地因阑尾炎在监狱里突然病倒的时候，他在治疗中发挥了重要作用。

克里希那玛查亚团队熟练的技艺和灵活的动作给这位医生留下了深刻的印象。当克里希那玛查亚向高凯尔医生展示自主停止脉搏和心跳的技术时，更是让他叹为观止。

高凯尔医生始终念念不忘亲自见证过瑜伽表演，3个月后，他从贝尔关的医生职位上退休，移居到浦那，他写信给克里希那玛查亚，邀请他派一个人前往浦那，训练那里的大学生。

虽然桑达拉并没有考上大学，但是他还是被选中前往，他是唯一具有足够的英语能力，可以前往那个陌生地方进行教学的人。在浦那，桑达拉在表达不畅的时候不能再借助卡纳达语（Kannada，卡纳达语是卡纳塔克邦的官方语言。译注），他将不得不依靠他那粗浅生疏的英语——在校园之外，他从未使用过这门外语，而他踏出校门已经有两年之久！

对桑达拉来说，在浦那的工作需要持续 6 个月，每个月可以挣 60 卢比。桑达拉从银行取出他的所有积蓄，一共是 28 卢比，准备旅行的时候用。

当时，克里希那玛查亚在王公的要求下前往比兹瓦达（Bezwada，现在被称为 Vijayawada，位于安得拉邦）。他邀请一名学生和他一同前往，但是车费需要自付。

桑达拉的一位同学非常希望能随着克里希那玛查亚

前往比兹瓦达，于是他让桑达拉借给他 15 卢比，桑达拉非常慷慨地将钱借给了这位同学。慷慨大方也成为伴随桑达拉终生的品质。他毫不犹豫地将自己一半以上的积蓄借出去，自己只剩下 13 卢比，他要用这些钱从迈索尔出发，前往 902 公里之外的浦那，并在那里开始自己的新生活。①

1937 年 7 月，他从迈索尔启程，而浦那的教学要在 8 月才开始。为了筹集更多的钱，他决定在胡布利中途休息。前些年在达尔瓦有着非常愉快的经历，他希望达尔瓦的姐妹城市胡布利对他也能如此友好。

在这个城市里，他只有一位名为罗摩斯瓦米（Ramaswamy）的熟人，此人曾经是迈索尔瑜伽学堂的学生。桑达拉写信给罗摩斯瓦米，告诉他自己将在胡布利住一个月。罗摩斯瓦米特意安排这个年轻人住在朋友家。桑达拉给房东的家人和他们的五六个朋友教授瑜伽，这帮他赚取了在胡布利的开销。他的这些新学生还很热情地同意帮他出钱购买前往浦那的火车票。

为了复制之前在达尔瓦取得的成功，他决定再次放手一搏。每天早晨 6 点，他要步行 3 英里，乘火车去达尔瓦。每次旅行，都会花掉他宝贵积蓄中的 2 安纳（12

① Iyengar, B.K.S., *Iyengar, His Life and Work*, New Delhi: Timeless Books, 1988

派士）。在之前的那一年，在克里希那玛查亚和王公的支持下，他教了一个 30 人的瑜伽班。这一次，他只能找到一个学生。而这个学生也不给他付学费，只是给他带午餐。吃完午餐之后，他要步行 24 公里回到胡布利。这需要持续步行 5 个小时。下午 4 点抵达胡布利之后，他要给他房东的家人和朋友教瑜伽。一天下来，他几乎要步行 30 公里，就这样坚持了 6 个星期，中间没有任何休息！他也做了两次示范演讲，一次在胡布利，一次在达尔瓦。他的这些努力赚取了一张去浦那的火车票和 5 卢比的生活费。

这些学生来自中产阶级家庭，没有什么多余的钱，但是他们都希望桑达拉一切顺利。1937 年 8 月 29 日，他动身前往浦那。罗摩斯瓦米先生和他的那些学生都很喜欢他，给他送行。

一天后，当他到达浦那时，他只剩下 4 卢比 50 派士。

新的城市，新的生活

1937 年 8 月 30 日

马哈拉施特拉邦浦那市

火车隆隆地驶至车站。天空就像一个装满水泥浆的巨大水缸，被一只看不见的手搅动着。西南季候风把一层薄雾吹到空中。阳光在连绵不断的雨水中看起来断断续续，给商店和手推车涂上一层奇特的光晕。

艾扬格在那里等候着，看着乘客们从狭窄的车厢门里面慢慢地走到站台上。当那些人用奇怪的口音和身着红色制服的搬运工争论时，艾扬格在这个新的城市里刚刚呼吸到第一口自由的空气，其中夹杂着混合了尿臊和柴火的强烈气味。尽管天气阴沉，但是他的内心还是欢喜雀跃。车厢里的灯光很特别，散发出如同香蒲花般柔和的黄光。这场雨给其他人带来了不便，但却给他带来了重新开始的希望。

他站起来，活动了一下疲惫的四肢，他已经在陌生人中间挤了好几个小时。他的大腿上印着木板留下的痕迹，这是三等车厢座位的配置。

一个身材矮小、目光炯炯的搬运工走到他跟前，打量了他一番。这个搬运工用马拉地语飞快地说了几句，从艾扬格迷惑的眼神中，他判断这是一个意外的收获——这是一个对这片马拉地土地完全陌生的人。

艾扬格使用肢体语言，花了 4 个安纳（25 个派士），雇这个搬运工带他去浦那中心的德干体育馆（Deccan Gymkhana）。到达目的后，他就寻找最便宜的住处，最后花了 1 卢比 12 安纳住在"独一咖啡"（Café Unique）

旅店。①

第二天，他见到了高凯尔，高凯尔将他介绍到德干体育馆，他希望在这里帮助艾扬格招收到瑜伽学生。

就像当时所有的体育馆一样，德干体育馆是一个以体育运动著称的地方，在那里聚会的人往往非常傲慢。1916年，民族自由战士提拉克（Bal Gangadhar Tilak）创建了此种类型的体育馆，他希望通过严格的运动锻炼增强体质，以便更好地为国家服务。他相信，印度独立梦想的重要部分就是年轻人具有强壮的体魄。这个体育馆最初是一个板球俱乐部，后来扩展到其他体育项目。最早提出组建印度奥运代表队的就是德干体育馆的一名成员。1920年，参加安特卫普（Antwerp）奥运会的印度田径队和摔跤队的选拔赛就在德干体育馆举行。除了户外运动，他们还有打桥牌和打台球的设施。很明显，他们有着引以为荣的声誉，而艾扬格之所以受到他们的款待，唯一的原因就是高凯尔医生陪在他身边。

艾扬格在"独一咖啡"旅店付了两天的住宿费，身上只剩下最后12个安纳。与高凯尔医生的关系在许多方面给他带来便利。首先，这能帮他从"独一咖啡"旅店的老板那里争取到一些时间，让他暂时不用提前交纳40

---

① Iyengar, B.K.S., *Iyengar, His Life and Work*, New Delhi: Timeless Books, 1988

卢比的住宿费，可以先在那里住一个月。由于无法在高凯尔医生那里获得更多的帮助，他决定在这个月剩下的时间靠12个安纳维持生活。他当时的随身物品是两件衬衫、两条腰布和一个床垫。他把其中一条腰布折起来当毛巾使用。他连一块肥皂也买不起。为了保持体面的外表，他必须每天刮胡子，因此，他花了一个派士买了一个刀片，并琢磨出在没有剃须刀架和肥皂的情况下剃胡须的技术。但是，即使是经济实惠的"独一咖啡"旅店也似乎太贵了，他必须在第二个月换一家更便宜的住所。

艾扬格在马哈拉施特拉邦是个异类。他的突出之处在于他的达罗毗荼特征、南印度风格的腰布以及他的束发（kudumi）——一束象征着婆罗门对主神专一的头发。他的前额剃得光光的，束发像长长的马尾巴垂在后面。他头上的"马尾巴"被马哈拉施特拉邦人轻蔑地称为"shendi"（马拉地语里指"束发"，也有"笨蛋"的意思。译注），这成了许多人的笑柄——尤其是在浦那的年轻人中间。艾扬格只能用帽子盖住自己的头，以免人们嘲笑他。更尴尬的是，当他告诉人们他是一名瑜伽行者的时候，人们都把他当疯子。但是，想到要回到迈索尔，在那里一直过着幽闭、恐怖的生活，所有这些困难都显得微不足道。浦那给他提供了获取新生活的机会。

当他刚到浦那的时候，经常有人问他，练习瑜伽是否能够促进女性怀孕。桑达拉刚满 18 岁，他自己也承认，对于男女性事，他当时一无所知。但是，他还是自信地告诉别人："是的，如果你不间断地练习 3 年，瑜伽对怀孕是有帮助的。"

从 1937 年到 1940 年，他住在拉斯塔·佩思（Raasta Peth）的一家旅馆里，那里离赛马场很近，挤满了经常去看比赛的人。旅馆里去赛马的人想要利用他的直觉，经常拿出 8~14 之间的数字让他选一个。艾扬格不知道他们为什么要这样做，他一门心思想谋生，没怎么注意城里人的这种怪癖，他不知道这些人用他那天选的号码去赌马。他的成功率似乎很高，因为不断有人回头找他。

后来，越来越多的人为了一些奇怪的事情来找他，人们现在让他从 1~100 之间任意选两个数字。赛马的人显然已经到处宣传他具有挑选获胜赛马的能力，现在那些投资美国棉花股票的人为了询问开盘和收盘的价格，每天都来找他。当艾扬格意识到自己被人利用作为赚取快钱的棋子时，他就不再顺承这些人了。日后，他将会发现他的这种直觉在瑜伽教学中有不少有益的用途。

高凯尔医生与 6 所大学以及德干体育馆达成了一项协议，每个机构每月支付 8 卢比 50 派士的费用，就可以选派 10 名学生到艾扬格这里学习，这样艾扬格每月就能挣到 60 卢比。授课地点被安排在德干体育馆，一共来了

10 名学生，但是没有一个是德干体育馆的成员。6 个月后，这些学校觉得学生们的兴趣不高，就解除了与艾扬格的合约。虽然已经招收到的学生想继续学习，但艾扬格面临着将要关闭这个新开课程的结局。

值得庆幸的是，高凯尔医生的一些朋友凑钱资助这个班再坚持 6 个月。

高凯尔医生还在体育馆为他安排了演示讲座。由于体育馆的人对瑜伽和艾扬格的敌视态度，演示被压缩到讲座的最后 10 分钟。高凯尔医生对他们俩的工作进行了明确的分工。"我对人体很熟悉，"高凯尔医生对艾扬格说，"你把它交给我。我将会准确地进行解释，你只需要做那些体式。"[①] 这位医生对解剖学和生理学的渊博知识让艾扬格的体式演示更加有趣，更重要的是，这使艾扬格第一次对人体结构有了更精确的科学认识。艾扬格的瑜伽教学后来获得了"具有解剖学上的精确性"的好名声，这可能是得益于他早期与高凯尔医生的合作。

在一次演示结束后，高凯尔医生问他，为什么尽管他有着如此高超的体式技巧，身体却如此发育不全，缺乏肌肉。艾扬格告诉他自己遭受的各种各样的疾病，而且他的童年极度贫困。高凯尔医生说，在他作为外科医

---

① http://www.kofibusia.com/iyengarbiography/iyengarbio16.php

生的一生中，从未见过艾扬格这么精湛的技艺。

艾扬格所有的学生都比他个子高，比他体格更健壮，他们的教育程度也更高，表达能力也更强。他仍在努力学习马拉地语和英语。他自学英语的方法是收集一些包爆米花的破报纸，在空闲时间阅读它们。至于他羸弱的体格，他自己也无能为力。

即使和一般人相比，艾扬格也可谓瘦得皮包骨头，他成了人们嘲笑的对象。当时的印度是一个痴迷于"身体健美"的国度。如果这就是瑜伽练习最终获得的结果，他们为什么要花钱去学呢？

尽管外表羸弱，但在力量、灵活性和耐力上，艾扬格比他任何一个营养充足的学生都要优秀得多。人们常常看到艾扬格连续练习 10 个小时，中途从不休息，于是他们开始透过他羸弱的身形和蹩脚的英语，欣赏驱使他前进的激情，他们在心中对他生起了钦佩之情。

德干体育馆经常举行摔跤比赛，观众很多。著名的大力士伽玛（Gama）的弟弟伊曼·巴克什（Imam Baksh）和一个名叫普兰·辛格（Puran Singh）的旁遮普摔跤手之间即将进行的比赛让整个浦那城兴奋不已。早在十多年前，伊曼·巴克什就已经打败了瑞士摔跤手约翰·莱姆（John Lemm）等世界传奇人物。格雷厄姆·诺布尔（Graham Noble）在他的著作《旁遮普之狮》（*The Lion of Punjab*）

中写道，在那场历史性的胜利之后，媒体谄媚地宣称，与巴克什相比，莱姆看起来"平凡无奇"，巴克什"真的像一头狮子，非常敏捷，身形灵活，能够像闪电一样灵巧地转身和扭动"。

那一年是 1937 年，德干体育馆的摔跤场挤满了人，他们对这场大决战充满期待。还有更多的人在售票亭等着买票入场。当身材高大、四肢灵活的伊曼·巴克什用几个敏捷的动作将普兰·辛格摔倒在地时，空气中弥漫着兴奋之情。裁判员数到十，宣布比赛结束，伊曼·巴克什获得了胜利。观众感到受骗了，比赛不到几分钟就结束了，许多人甚至还没有进入摔跤场。在印度，不满的人群发泄愤怒的方式就是破坏体育馆，就连警察也控制不了局面。

德干体育馆的一些成员找到艾扬格，请他做几个瑜伽体式的示范表演。[1]

这就像走进了一个雷区。没有人知道他的示范会引起人们什么样的反应。人们会笑话这个光着大半个头、扎着婆罗门马尾辫、骨瘦如柴的小伙子吗？他居然敢上台顶替他们心目中的摔跤英雄？观众们会不会因为看不到期待已久的摔跤英雄而感到不快，向他扔鞋呢？或者，

---

[1] Iyengar, B.K.S., *Astadala Yogamala: Collected works Volume* 1, New Delhi: Allied Publishers, 2000

他们会因为艾扬格的外表而做出更暴力的举动吗？

然而，艾扬格似乎没有意识到形势的危险。相反，他只是觉得面前摆着一个诱人的机会。他看到了潜在的观众，这是他见过的最大的舞台。他知道，印度最著名的摔跤手大力士伽玛和伊曼·巴克什就在观众之中。他觉得，这是他大展身手的好时机。他满怀信心地走向摔跤场，脑子里丝毫没有想到他可能会失败。

你可以想象，当这个羸弱的年轻人穿着他那单薄的紧身短裤走上台时，人群中爆发出的哄堂大笑声。从外形上看，一个摔跤手的衣服里可以塞进三个艾扬格。艾扬格持续做了40分钟的惊人表演，示范了代表他最高水平的体式。演示结束时，观众已经无条件接受了他。

由于这场令人叹为观止的表演，艾扬格与住在他隔壁的摔跤手变成了好朋友，这些人住在一间由体育馆提供给雇员居住的廉价宿舍里。让艾扬格迷惑不解的是，每当他们进入或离开房间时，都会敲艾扬格的门，让比他们矮得多的艾扬格帮他们锁上或打开门上的锁。艾扬格一直是彬彬有礼地按照他们的要求去做，但他不禁对这个奇怪的要求感到好奇。随着对他们有了更多的了解，艾扬格明白，每天的练习使得他们肩膀上的肌肉变得僵硬，无法把手臂举过头顶。

正是这群摔跤手，1910年在英国向世界发出挑战，让人跟他们比赛。

"来者不拒！！！"

"诚邀各位摔跤好手！！！"

"本事越大，越受欢迎！！！"

4个月过去了，无人敢接受这个挑战。4个月后，比伽玛足足高了1英尺的多克·若勒（Doc Roller）接受了挑战。在第一轮比赛中，伽玛在1分40秒时就把若勒摔倒了。而这样的大力士摔跤手却不能自己开门！

多年来，艾扬格一直在锻炼身体的柔韧性，但令吃他惊的是，这些摔跤手的锻炼方法实际上是让人变得无能，而不是变得更强大。后来，随着对他们有了更深入的了解，艾扬格发现他们在使用印度的蹲式厕所时非常吃力。这使得他们排便不彻底，同时也造成了其他许多伴生疾病。与摔跤手的相识，让艾扬格比以往任何时候都确信瑜伽作为整体养生方法的重要性。

孤独的生活让艾扬格与那些他平时可能不会相交的人成为朋友。他在体育馆遇到的有些人经常喝酒，晚上也经常去城里玩，这些人在晚上想去寻欢作乐的时候也会邀请艾扬格同去。虽然艾扬格不喝酒，但在这座陌生的城市，他渴望有人做伴，这使他不得不在他们外出时陪着他们。这些男孩子喝了一些酒后，就莫名其妙地消失在附近的小巷里，叫艾扬格等他们回来。不到半个小时，他们一般就会回来，回来的时候总是比的时候更亲切、更愉快。

有一天，他站在那里等他的朋友们回来，他的另一个熟人看到了他，停下来问艾扬格在那里做什么。艾扬格告诉他，自己在等朋友们回来。这位熟人告诉年轻的艾扬格，像他这样一个体面的年轻人在这里逗留是不妥当的，并建议他立即回家。在他年纪稍微大一点之后，单纯的艾扬格才发现自己过去常常站在浦那臭名昭著的红灯区的路灯下。这时候，他才终于明白他的朋友们从那些小巷子里出来时为何如此兴高采烈……

06 - 第一批学生

　　像摔跤一样，板球也令全印度痴迷。印度人密切地关注着板球运动，似乎他们的生活要依赖于这些比赛的结果。1938 年，马哈施特拉邦板球队队长丁卡尔·迪欧达（Dinkar Deodhar）膝盖受伤，医生建议他进行手术治疗。幸运的是，他求助的是高凯尔医生，高凯尔医生不建议他手术，而是向他推荐了艾扬格。高凯尔医生说，如果艾扬格的方法不管用，他可以再回头进行外科手术。开始的时候，迪欧达甚至连站都站不起来。在经历了许多挫折和尝试性治疗之后，迪欧达在屈膝的时候感觉不到疼痛了，然后，令人惊奇的是，他又能打板球了。迪欧达奇迹般重返板球赛场后，艾扬格相信，自己有能力穿过皮肤深入人体内部的运作。通过自己不断地研究和实验，他能够更好地理解人体的机理，然后基于个人的探索，为人们提供独创性的解决方案。

　　艾扬格于 1938 年开始尝试使用辅具。当时，弗格森学院（Fergusson College）85 岁的卸任校长拉贾瓦德

（Rajawade）教授来找他，拉贾瓦德的身体因痢疾虚弱得几乎站不起来。这时候，艾扬格开始尝试让拉贾瓦德在不费多少努力的情况下，就能利用传统姿势获得体式带来的益处。他让这位老先生在仰卧状态下实现了许多站立的体式，并且采用椅子、木块和木棍等作为支撑，来恢复其腹部器官和发炎腹膜的功能。

高凯尔医生继续支持着艾扬格，他在许多学校给艾扬格安排了更多的演示讲座。现在，一些大学意识到，艾扬格瑜伽是能够给学生带来益处的，他们提供了必要的资金，使艾扬格的瑜伽课程能够再运行一年。

随着学生们对瑜伽练习越来越认真，艾扬格觉得是时候让他的古鲁克里希那玛查亚来浦那看看了。

在1938年的这次访问里，克里希那玛查亚应邀在阿吉尼霍塔·拉贾韦德（Agnihotri Rajwade）的家里举办讲座并进行演示。在这次演示中，克里希那玛查亚让艾扬格示范根茎式（Kandasana）。艾扬格假装不懂，克里希那玛查亚简明扼要地对他说："把两只脚向胸前靠拢，就像用双脚做合十的动作。"离开克里希那玛查亚几个月后，艾扬格胆子变大了。他告诉古鲁说自己无法做到。这下可捅了马蜂窝，当着众人的面，克里希那玛查亚大发雷霆，开始用泰米尔语责骂他。即使那些听不懂泰米尔语的人也能猜出他在讲什么。窘迫的艾扬格不得不再次屈服于古鲁的暴脾气，他竭尽所能完成了这个极具挑战性的体式。

虽然艾扬格早期与古鲁的相处经历与信仰无关，但去了浦那之后，一些奇怪的梦和事件加强了他对古鲁的信心。

在第一个梦里，他去访问特凡德兰（Trivandrum）的"无边莲花脐"神庙（Ananta Padmanabha Swami Temple）。人们可以通过三扇门参观神庙里的神像。第一扇门通向神像的头，第二扇门通向神像的躯干，最后一扇门通向神像的脚。通过前两扇门参观完之后，艾扬格走到第三扇门，这是最后一扇门，这样他就可以了解神像的全貌。

当他闭上眼睛祈祷时，神像的前额向他喷出火焰，似乎要将他烧掉。他向诸神祈求宽恕，但火焰依然没有熄灭；他转而祈求他的古鲁，请求他的宽恕和祝福，火焰立刻就熄灭了。

艾扬格的某个学生曾经带他去希瓦吉-纳加尔（Shivaji Nagar）的一座神庙，那里住着一位名叫帕德克·玛哈拉贾（Phadke Maharaj）的灵性大师。帕德克·玛哈拉贾告诉他，虽然他练习瑜伽已经有一段时间了，但是他还没有进入灵性修习，通过正确的练习之后，他最终就会转向灵性。后来，当帕德克·玛哈拉贾走进艾扬格的房间，看到一张克里希那玛查亚的照片时，他停下脚步，瞪大了眼睛。然后，他要来了纸和笔写道：克里希那玛查亚是一个伟大的灵魂，艾扬格如果忘记或轻视他，就会导致失败。他还说，在古鲁的祝福下，艾扬格将能心想事成，因为克里希那玛查亚非常喜欢艾扬格。虽然自己的经历可能会让艾扬格不这么认为，但他还是决定相信这位大师的话。

当克里希那玛查亚来访时，水平较高的学生获得了迈索尔瑜伽学堂颁发的证书。艾扬格在浦那是一个籍籍无名的存在。他意识到，无论是他，还是他的古鲁——来自迈索尔默默无闻的瑜伽老师，都无法让浦那人在晚上放弃欣赏戏剧或古典音乐。所以艾扬格邀请了一些知名度很高的人，他相信这些人一定会吸引很多人。

艾扬格还安排了示范讲座，由这些名人做主持。他邀请的两个人都是各自领域名副其实的能人。

孟买立法会议长伽内什·玛瓦兰卡（Ganesh Mavalankar）是一位知名的大知识分子，品行高洁，待人友善。他还是一位作家、律师，也是一位民主斗士。

萨若吉尼·奈度（Sarojini Naidu）是印度最著名的独立运动家之一。她讲话坦率，诙谐机智，很有鼓动能力，只要她参加的活动，都能吸引不少人，她当时担任北方邦（Uttar Pradesh）邦长，毫无疑问，她是印度的宠儿。

在我们现在这个时代，许多公司都给公共关系部门编制庞大的预算，通过专业人士的运作获得知名度。让人惊叹的是，早在1938年，这个20岁、高中没毕业、几乎不能讲当地语言、刚在这个大城市待了一年的年轻人，就能顺利地让沉睡的浦那城市苏醒过来，并让人们关注到他。

由于这些示范讲座，帕拉苏朗堡学院（Sir Parashurambhau College）给他提供了一个职位，并安排了学生，也给他发薪水。他还应邀在德干体育馆开办了一个专门招收女性的课程。还有许多人邀请他单独授课。随着体育馆学生数量的激增，他的敌人也越来越多。

德干的一些王室成员，包括声称自己创立了拜日（Surya Mamsakar）体系的奥恩特王公萨西布（Raja Sahib of Aundh）参观了艾扬格在德干体育馆开设的瑜伽班。王公对这个瑜伽班非常满意，赠予艾扬格一笔钱。但是德干体育馆的官员占用了这笔赠款，这让艾扬格非常生气。这些官员的逻辑是，只要艾扬格在体育馆开课，就不能接受礼物。

这个瑜伽班的人数很快增加到200人。但是，艾扬格的收入没有任何变化，不管教了多少人，他从体育馆得到的报酬都是固定的。

艾扬格获得了一年的续期，继续在那里教瑜伽。就在一切开始变得顺利起来的时候，一些不知名的捣乱者闯入了存放瑜伽设备的地方，把它们全都烧毁了。艾扬格认为这是内部人士在搞破坏。幸运的是，从这个瑜伽班赚取的钱足够购买新设备，但这一事件让艾扬格感到难过，他觉得自己不受欢迎。

德干体育馆从艾扬格身上获得不少好处。那一年，他们从孟买政府获得了一大笔资金，因为他们是第一个引入印度传统体育锻炼方法的机构。艾扬格曾经为印度体育委员会主席做过示范表演，并获得了第二年的拨款，但是德干体育馆仍然对艾扬格像继母般苛刻，丝毫没有缓和。

高凯尔医生不仅在浦那，而且在全印度各地继续为艾扬格安排演示讲座。因此，艾扬格不断地获得与上流社会人士见面和保持联系的机会，以前他只能在报纸的头版上看到这些人。

由项塔兰（V. Shantaram）在戈尔哈布尔（Kolhapur）创办的普拉巴特电影公司（Prabhat Film Company）1933年迁至浦那。在接下来的 10 年里，他们制作了一些非常出色的电影，其中最著名的是《诗圣图卡拉姆》（*Sant Tukaram*）。电影成为人们新的痴迷对象，只要有剧本，有能力购买昂贵的胶片，任何人都可以拍电影。

1939 年 9 月，高凯尔医生也迷上了电影。在迈索尔王公的资助下，他决定用 2000 英尺胶卷拍摄一部电影，主角就是艾扬格。当高凯尔医生开始拍摄时，克里希那玛查亚正好访问浦那。艾扬格请求克里希那玛查亚也参与进来。不幸的是，由于高凯尔医生和艾扬格之间的一些误会，这部黑白电影一直没有完成。

这段经过粗略剪辑的影片已经成为艾扬格档案的一部分，现在也可以在 YouTube 上看到。这段影片的主角是 20 岁的艾扬格，他身形灵活、瘦削，仍然顶着他的婆罗门束发，他的肌肉如同上了润滑油，流畅地做着一系列串联动作。尽管在影片的大部分时间里，他都显得阴郁而严肃，但是在某个时刻，他不由自主地笑了，整个荧幕顿时亮了起来。在该影片中，50 岁的克里希那玛查亚也展示了他的技艺。①

艾扬格和高凯尔医生似乎曾经在一些小事上有过分歧。艾扬格后来写道，两人之间的这种未明言的"误会"，似乎成为他们友谊的丧钟。从此之后，在艾扬格的生活中，高凯尔医生只是一个一笔带过的人物。然而，艾扬格终生都对高凯尔医生心存感激。

高凯尔医生在艾扬格瑜伽事业的起步阶段发挥了重要作用，他利用自己深厚的人脉资源推荐艾扬格，为艾扬格寻找学生，与艾扬格合作，甚至在众多的反对

_____

① https://www.youtube.com/watch？v=lmOUZQi_6Tw

声——特别是在德干体育馆的反对声中，为艾扬格挺身而出。

　　尽管他们的友谊似乎遇到了麻烦，艾扬格与古鲁的关系却在稳步改善。他陪同古鲁前往孟买，克里希那玛查亚将在孟买大学和贾汗基尔大厅（Cawasji Jehangir Hall）做示范表演。在那里，他又遇见了萨若吉尼·奈度。在表演期间，他们获得迈索尔王公去世的消息。克里希那玛查亚不得不赶回迈索尔，取消了剩下的活动。

　　与此同时，桑达拉收到了妹妹贾娅玛的一封信。她和母亲住在一个哥哥的家里。她在信中写道，母亲身上的那件纱丽已经穿了很多年，都穿破了。母亲在纱丽上打了很多结，以掩盖破洞。作为一个寡居的女人，母亲不能使用普通人所用的金属盘吃东西，按照习俗，她必须用叶盘吃饭。但是他哥哥的经济状况太糟了，没钱给母亲买叶盘，她只能把食物放在地板上。

　　艾扬格心烦意乱，尽管自己经济困难，但他还是想让母亲来浦那和他一起生活。但考虑到她所受到的宗教限制，这是不可能的。因此，作为儿子，由于无法好好照顾母亲，艾扬格心情很沉重，他把微薄收入的很大一部分寄给了母亲，这样她就能给自己买一套新纱丽和叶盘。

　　1940年8月，艾扬格与德干体育馆的合同将要结束。

他提前 5 个月借了 100 卢比，为妹妹贾娅玛的婚礼提供资金。他这样做是受到印度传统责任的驱使，根据印度传统，当父亲去世时，兄弟们有义务负担姐妹们的婚礼。

到 1940 年 7 月，他已经还清了他欠体育馆一半的款项。到了 8 月份，体育馆停止对艾扬格提供服务，连本带息扣掉艾扬格所欠的钱，只给艾扬格发了 4 卢比，而艾扬格还需要付当月的租金。

艾扬格没有赞助人，没有学生，没有教学场所，很快连栖身之地都没有了，他比刚来浦那时更觉孤独。他感到如此幻灭，以至于觉得自己应该离开这座城市，到别处去谋生。但在这个城市已经生活 3 年的事实让他打消了这个念头。无论现实多么残酷，他都不想在另一个城市从头开始。

1940 年 9 月的工业展览会似乎不太可能成为瑜伽表演的场所，但它确实具有商业意义。富有的实业家过着不健康的生活，手头也有闲钱。对于一个苦苦挣扎的瑜伽老师来说，他们是潜在的完美客户。然而，没有高凯尔医生在瑜伽示范时的有效配合，艾扬格只招到了一个学生。但一个学生就足以让一位苦苦挣扎的瑜伽老师撑上一段时间。

拉克斯曼·曼查拉姆·莫蒂（Laxman Manchharam Motee）来自制作赛马信息单的家族，他的公司制作的比赛信息单被誉为"内容最丰富、最可靠的信息单"。这些信息单被赛马爱好者称为"莫蒂"或"科尔"（Cole），上面印有赛马的名字、重量和提示。在比赛日，独特的蓝色和白色比赛信息单无处不在，一位记者曾经这样写道："去赛马场的时候，可以不穿羊毛燕尾服，可以不穿无肩带的绸袍，可以不戴进口的大礼帽，可以不戴雷朋（Rayban）太阳镜，甚至也可以不带上你那只可爱的博美犬，但是你的手上却离不开'科尔'信息单！"[1]

　　莫蒂家族最初在孟买只有一间办公室，后来逐渐垄断了赛马信息单的生意。1919 年，拉克斯曼搬到了浦那，在那里开了家店铺。

　　浦那曾经是一个只有 10 辆自行车的小镇，是退休老人的宜居之地。1830 年，由于毗邻孟买，再加上浦那赛马场的建立，浦那从一个沉睡的小镇转变成一个拥挤的城市。1930 年，德干女王号（Deccan Queen）作为周末火车开始启用，从孟买运送赛马迷到浦那。莫蒂家族从赛马中赚了数百万家产。

　　莫蒂先生请艾扬格教授他和他的家人，每月给他 40 卢比的酬劳。这不啻雪中送炭。

　　艾扬格立即开始教这家人瑜伽，但同时也开始物色

---

[1]　http://www.coleracecard.com/about_us.html

一个能够容纳一般规模瑜伽班的场所。当他在某处驻兵站找到一个大礼堂时，他觉得自己很幸运。当地人称这个地方为"营地"，这就是他要找的地方。无论你是想在崭新的乔治餐厅吃印度炒饭（biryani），还是在多拉卜吉餐厅（Dorabjee's）吃面包（bun maskaa），还是在西区影院看电影，只要来到主街，你都能如愿。这条大街熙熙攘攘，在这个昏昏欲睡的城市里，"营地"似乎是上瑜伽课的理想地点。当艾扬格发现租金是每月10卢比时，他欣然接受了。

他租下这个地方后，发现学生们拒绝去上课。调查之后他发现，人们说这个地方闹鬼。住在那里的第一个晚上，醒来时艾扬格发现一群好奇的当地人从他的窗户往里窥视，这些人想知道他是否还活着。虽然他亲自住在那里，但鬼屋的名声吓跑了许多潜在的学生。一些住在"营地"附近的学生来了一阵子，然后再也不来了。因为离老城的距离比较远，他之前的许多学生都不愿意过来。

莫蒂先生最终成了他的新资助者，他为瑜伽班购买毯子和用具，为他支付了10卢比的房租，每天还送他一瓶牛奶。尽管付出了这么多的努力，这个新开的瑜伽班还是无法维持下去，不得不关门大吉。

他现在只剩下两批学生，莫蒂先生和他的家人，以及在浦那开了一家餐馆的丁肖（Dinshaw）先生。

当丁肖 1940 年 9 月跟艾扬格练习瑜伽时，他还是个病人。他对待健康的方式相当荒唐。因为食欲不振，所以他通过喝酒来开胃。因为吃东西之后感到恶心，所以他通过吸烟、吃掺有烟草的槟榔叶来帮助消化。刚开始跟艾扬格学习的时候，他几乎不能走路，但很快就能生活自理，不到一年，他就变成了素食主义者，并且滴酒不沾，还成了虔诚的瑜伽习练者。

1941 年夏天，艾扬格骑自行车的时候又发生了事故，疼痛和肿胀持续了 3 年。他去看了医生，被诊断为腹股沟疝，医生建议他休息。休息对艾扬格来说太奢侈了，如果他要存活下去，就必须工作。

虽然他一天只有 2 节课，但他仍然在 4 点钟起床坚持自我练习。这种锻炼的强度使他筋疲力尽，而饥饿更是雪上加霜。一盘 12 派士的米饭也不是他每天都能吃得起的。有时候，他两三天才能给自己买一盘米饭，其余的时间，他会尽量用水和茶来缓解辘辘饥肠。

艾扬格一直很喜欢吃油炸甜甜圈（jalebi）。当时，他唯一能做的就是站在甜甜圈小贩旁边，闻闻香味。糖浆散发出的香甜味道混合着酥油令人陶醉的香味，向四周弥漫开来，充满他的感官，他站在那里，幻想自己咬上一口之后那种脆脆、甜甜的糖浆在他舌头上爆裂的感觉。

他如此穷困，以至于愿意在任何平台、向任何人进行表演，只收取 25 派士的费用。尽管在困苦中挣扎使他的神经变得衰弱，但内心深处的某种东西告诉他要坚持下去。

艾扬格称这是他人生中"最黑暗的时期"。他想将瑜伽作为谋生手段的信念正受到严峻的考验。于是，在绝望之中，他给国际知名舞蹈家乌代·尚卡（Uday Shankar）写信，后者正在为自己的舞蹈团招募新人。艾扬格主动提出给舞蹈团教瑜伽，而自己则在那里学舞蹈，只需要他们提供自己的食宿。他被拒绝了，艾扬格再也没学过舞蹈。

即使在这种自谋生路过程的最低谷，艾扬格仍在努力接触国内外的杂志、出版物和电影公司，请他们报道自己的瑜伽。艾扬格比谁都了解媒体和公关的力量。

1941 年，他访问迈索尔时，请古鲁教他调息。克里希那玛查亚拒绝了他，他说艾扬格肺活量不足，胸部发育不全，还不适合练习调息。1942 年至 1943 年，当艾扬格回到迈索尔时，他决定静静地观察导师的修行，汲取其中的精华——胸部的起伏，眼睑的静止，眼球的下垂，内脏和面部肌肉的放松以及呼吸的声音。

经过几天的观察，艾扬格终于鼓足勇气再次请求古鲁教他。他满怀信心地走到克里希那玛查亚前面，这一次，他面临的不仅是拒绝，还有羞辱。克里希那玛查亚告诉艾扬格，他这一辈子永远不能练习调息。

这反而激起了艾扬格的决心，他开始每天练习调息。和早年的体式练习一样，对他来说，调息练习困难重重。为人津津乐道的"寂止"通常是调息练习的一个分支，需要长时间才能获得。他花了将近二十年的时间才获得某种节奏，坐下来连续做一个小时的调息。

克里希那玛查亚在教导上对他的吝啬，促使艾扬格成为一个慷慨的老师。他愿意随时在课堂上富有诗意地分享学生们在体式或调息中应该获得的所有感觉。"身体是弓，体式是箭，灵魂是目标。"他会这样说，同时还会鼓励学生们将自己的身体耐力推向极限。他通过隐喻呈现出解剖学的精确性，这给他的学生留下难忘的体验。"体式不仅与身体有关，还塑造了我们的智力和思想。它改变了我们心灵的质地，培养了我们的智力，让我们更敏锐。让敏锐之眼从你的皮肤上萌生出来。借助于这双眼睛，你能判断出自己在时空上的位置吗？"他如此热切地想让学生们接受并吸收他所传授的东西，以至于当他感到学生们并没有完全沉浸在这样的体验中时，就变得不耐烦。他不能容忍心不在焉、顽劣不化和忘恩负义，但能容忍能力不够的学生。当学生要练习一些超出自己能力的动作时，他就变成了体贴的灵魂——温柔、慈悲、慷慨，并给予支持。但是如果哪个学生把脚趾往错误的方向移动了一点点，他就立刻做狮子吼，露出他那洁白的牙齿，眉毛颤抖着，目光闪耀，如同花岗岩石。

20 世纪 40 年代初，印度开始受到第二次世界大战的影响，粮食短缺导致的定量配给使每个人的生活都很艰难。人们开始节省开支，瑜伽课成了少数人才能负担得起的奢侈品。就像在艰难时期经常发生的那样，艾扬格的思想开始转向内心，他与主神的联系变得更加紧密，他对瑜伽的信仰变得更加坚定。他发现自己内心拥有之前并未觉察到的无尽的宝藏。他下定决心，这是他的旅程，他将毫不退缩地生活下去。

下定了这样的决心后，世界开始变得光亮起来。他有一位迈索尔的朋友名字叫普拉拉德（Prahlad），现在在普拉巴特电影公司工作，他把艾扬格介绍给了电影界的几位同事。普拉拉德是一个风度翩翩的年轻人，艾扬格很喜欢他。普拉拉德于 1943 年去世，这让艾扬格倍感失落，他失去了人生中第一个真正的朋友。

他当时结识的另一个朋友是巴尔·潘达卡（Bhal Pendharkar），普拉巴特电影公司的许多无声电影都是他导演的，比如《江山美人》（*Bajirao Mastani*）和《向祖国母亲致敬》（*Vande Mataram Ashram*）。这些电影基于强烈的民族主义情怀，在国人中激起了阵阵涟漪，最终于

1991 年，在他 94 岁高龄的时候，为他赢得了最负盛名的 "达达萨哈布·法尔克（Dadasaheb Phalke）终身成就奖"。而遇到艾扬格时，他 43 岁。

1941 年 8 月，潘达卡帮助艾扬格参加了古吉拉特邦和拉贾斯坦邦的一场赈济水灾慈善演出。组织者可能是在潘达卡的要求下安排艾扬格参加演出的，但几乎成功地不让他露面。艾扬格经过讨价还价，最后获得了 10 分钟表演的机会，虽然组织者不确定他能否把观众的注意力保持这么长的时间。

这是在孟买举行的一场众星云集的活动。出席活动的有两位女明星斯尼普拉巴（Snehprabha）和瓦桑提（Vasanti）、舞蹈演员高里尚卡（Gaurishankar）和萨若吉尼·奈度。萨若吉尼原计划为这一事件揭幕后便离开，因为上次看到了艾扬格的演出，她认出了艾扬格，并要求组织者把艾扬格排到第一个表演，这样她和一些外国政要就可以在离开前观看艾扬格的演出。组织者别无选择，只能同意。

多亏了奈度夫人，艾扬格才获得第一个登台演出的荣誉。后来，令组织者十分尴尬的是，那些政要从人群中走上前来，祝贺艾扬格成为这次演出的明星。

潘达卡跟随艾扬格学习瑜伽。艾扬格管理瑜伽班和理财的方式让他感到十分吃惊。他建议艾扬格除了莫蒂一家和丁肖之外，不要再教其他人了。他想让艾扬格将瑜伽教学的收费系统化，甚至提出担任他的经理人。潘达卡自己的电影公司当时处于亏损状态。1941年，他的财务状况严重恶化，他被迫关闭了自己的公司，前往戈尔哈布尔（Kolhapur）。

就在他要为艾扬格重新进行财务规划之前，在冥冥之中神让艾扬格化险为夷。神似乎还没有完全抛弃艾扬格！

07 - 男大当婚

1943 年，艾扬格回到班加罗尔参加父亲的逝世纪念日。结果，这次旅行比他想象的更一波三折。首先，他被古鲁差派，要在安得拉邦一个名为纳萨普兰（Narsapuram）的河边小镇举行的阿育吠陀研讨会上进行示范表演。当古鲁和弟子站在戈达瓦里河和孟加拉湾美丽的交汇处交谈时，克里希那玛查亚问艾扬格为什么不考虑结婚。艾扬格向古鲁讲述了他在这座城市的艰辛，他觉得连养活自己都很困难。他的古鲁有不同的看法："你有那么多女学生，"古鲁说，"你一定是喜欢很多女孩子，所以不愿意结婚。"

艾扬格去看望住在玛鲁尔（Malur）的哥哥维丹塔查，玛鲁尔离班加罗尔只有一个小时的车程。克里希那玛查亚告诉维丹塔查，艾扬格已经到了结婚的年纪了。古鲁将他的担忧传染给了艾扬格的家人。克里希那玛查亚的人格力量使他们都相信，并且都想象艾扬格一定在浦那与年轻貌美的少女们快乐地嬉戏。

然而，艾扬格脑海里闪现的却是他在浦那度过的艰辛时光。他认为娶一个单纯善良的姑娘，让她和自己一起吃苦是不公平的，也没有必要。他直截了当地拒绝了家人的提议。

他的家人对此疑惑不解。现在，他们的脑海里充满了各种想象：这个 21 岁（1943 年，艾扬格应为 25 岁。译注）的男孩在一个大城市里独自生活，每天都在干什么呢？他们觉得如果艾扬格成家安定下来，一切就会顺顺利利。他的哥哥不断给亲朋好友写信，急切地想给艾扬格物色新娘。下一步是让这个女孩来到班加罗尔，这样两家人就可以见面了。艾扬格的拒绝似乎并没有阻碍他的婚姻进程。他的家人已经毫不犹豫地付诸行动了。

他的堂兄萨玛查（Shamachar）介绍了一个名叫拉玛玛妮（Ramamani）的女孩。拉玛玛妮的母亲希仁迦瑞玛（Shrungariamma）是萨玛查女婿的姐姐，希仁迦瑞玛的父亲阿内卡·罗摩阐德拉（Anekal Ramachandrar）和艾扬格的父亲一样是一名教师。拉玛（即拉玛玛妮，此后有时被称为拉玛。译注）于 1927 年 11 月 2 日出生在阿内卡，距离艾扬格的出生地贝鲁 75 公里。她的父母养大了 8 个子女。

拉玛和姐姐、姐夫在一起生活，度过了自己的童年，她的一生都在班加罗尔及其周边地区度过。这些年来她

拉玛的父亲罗摩阐德拉在她结婚前几年就去世了。罗摩阐德拉是一名学者，通晓包括乌尔都语和英语在内的多种语言。在乡村学校教学之余，他将很多书从英文翻译成印度本土语言。

拉玛的母亲希仁迦瑞玛能够把讲故事提升到一种艺术的形式。她所讲的很多故事都是由罗摩阐德拉翻译出来的。希仁迦瑞玛也能通过咒语的力量治愈疾病，包括让感染的溃疡愈合，并让痉挛和抽筋症状消失。

因为罗摩阐德拉的早逝，希仁迦瑞玛被迫处理许多传统上印度女性不会涉足的事情。她事事都要亲力亲为——从土地纠纷，到出庭，再到村务委员会，她都处理得游刃有余。

当获悉艾扬格是一名瑜伽老师时，拉玛有点迷惑，她并不知道瑜伽老师是什么意思。"可他究竟是干什么的呢？"她问自己的哥哥。她的哥哥对世界的了解稍微多一些，给她做了一个背部伸展式（Paschimottanasana）的示范，解释她未来丈夫的职业。

艾扬格去班加罗尔是为了参加父亲的逝世纪念日。他只有不到100卢比，如果没有发生订婚这件事，那就足够了。虽然他并没有要求嫁妆，但新娘的家人还是给了他150卢比，这是他去婚礼举办地图姆库尔（Tumkur）购买衣服和车票的款项。

1943 年 7 月，艾扬格在浦那的学生收到艾扬格的一封信，要求他们给他寄一些钱，他日后再偿还。莫蒂和丁肖各给他寄了 100 卢比。有了这笔钱，加上浦那其他学生的一些未付款项陆续到账，他最后一共有了 500 卢比用于结婚。他所有的兄弟姐妹都来参加婚礼，他们的家人和孩子也来了。

他很高兴全家人欢聚一堂，但是购买这些人的车票大概花了他存款的一半。在计算了所有婚礼开支——包括请柬、场地、祭司和祈福（pooja）之后，他既没有足够的钱来买金饰（thaali）——一种泰米尔婆罗门所佩戴、表示已经结婚的金坠，也没有足够的钱给自己买一个新的腰布。他们真是天生的一对：艾扬格穿着旧腰布结婚，拉玛穿着借来的纱丽，戴着借来的首饰！

泰米尔艾扬格社区的婚礼是一场精心准备的仪式，需要持续数小时。其中有一个很吸引人的仪式叫"喀什朝圣"（Kashi yatra），新郎在正式的婚礼仪式之前模拟朝圣之旅，他穿着简单的长礼服（veshti，即白色腰布）、拖鞋，拿着雨伞和手杖，装扮成朝圣者。他试图到喀什隐居，成为修道士（sanyas），过着一种苦行的独身生活。新娘的亲人们劝他放弃这个不合时宜的想法，回来迎娶他们可爱的姑娘。经过一番好言相劝，新郎妥协了，回到了临时搭建的婚礼棚里（mantapam）结婚。

在出阁仪（kanyadanam）之后，人们将新娘送出门，让她绕着祭祀之火走7步，给她的脖子上戴上神圣的金坠子，这样，拉玛玛妮和桑达拉·艾扬格正式成为夫妇。虽然大多数泰米尔新娘都要戴两条金坠子，一条来自母亲，一条来自丈夫，但拉玛只有来自娘家的一条坠子。他们的家人满脸笑容，环绕着他们，向这对夫妇撒上五颜六色的米粒，并且送上祝福，希望他们拥有美好的未来。

婚礼结束后，大家还要回到班加罗尔，艾扬格必须为亲戚们举办宴席。最后，他的经济状况岌岌可危，他还要设法返回浦那。他没有足够的钱，所以不能把他的妻子带回家。他也负担不起和她待在图姆库尔的费用。艾扬格在图姆库尔车站向他的新娘挥手告别，前往浦那，他已经在为他们再度团聚而努力。

1943年8月，当他回到浦那时，他不但没有能够招收到更多的学生，过去的学生莫蒂先生告诉艾扬格他的家人不再参加瑜伽课程了。一直以来，莫蒂都是像父亲一般支持他，这个消息使艾扬格倍感沮丧，莫蒂是他一个可靠的收入来源。但是，他又能说什么呢？

莫蒂之所以追随艾扬格是因为他生了3个女儿，像许多印度人一样，他希望有个儿子。艾扬格向莫蒂夫妇保证，只要他们跟着自己虔诚地练习瑜伽，一定会有儿子。后来他们果然生了儿子。莫蒂夫妇认为既然达到了最初的目的，也就没有理由继续学习瑜伽了。

但是莫蒂先生依然对艾扬格慷慨大方，他告诉艾扬格，寄给他的婚礼钱是礼金，而不是借款，当他见到艾扬格本人时，又给了艾扬格100卢比作为礼金。尽管这很有帮助，但是，艾扬格所需要的并不是这种一次性的赠予，他需要招收瑜伽学生，需要稳定的生活来源，也需要给刚结婚的妻子提供一个舒适的家。

艾扬格以前的帕西学生丁肖现在过着一种更积极的生活，继续来找他上课。但这笔收入还不足以满足艾扬格自己的开销。

1943年10月，马哈拉施特拉邦教育协会（MES）的负责人找到艾扬格，要他培训自己学校的女生。这意味着艾扬格每月能有一笔稳定的收入了。

把拉玛玛妮接到浦那的时候到了！

08 - 迎接妻子

　　拉玛玛妮于 1943 年 11 月来到浦那。她几乎没有什么财产，只有几件纱丽和一条结婚那天丈夫给她戴上的金坠子。这一天是艾扬格的吉日，"女神"进了他的家门。

　　但是，对于其他印度人来说，情况就不妙了。印度军队正在接受第二次世界大战的洗礼。印度在这一年遭受了孟加拉饥荒。对于这次饥荒的原因，大家众说纷纭，并没有一个明确的答案。印度人将之归咎于殖民者，英国政府则将此归咎于缅甸稻谷歉收（当时印度要从缅甸进口 150 万吨大米）、孟加拉那场摧毁冬季作物的飓风、泰米尔纳德邦降雨的减少以及给军队供应的大量粮食。他们声称，所有这些原因导致大米价格比战前上涨了 950%。特别是在加尔各答，每天都有人死于饥饿。整个印度，人们都在为生存而苦苦挣扎。

　　拉玛玛妮走路的时候，腰间的一小串钥匙总是叮当作响。艾扬格夫妇刚刚用崭新的纸币付了 1 卢比的房租，剩下的全部积蓄都被绑在拉玛玛妮纱丽的末端。他们房屋入口处的一块木牌上用马拉地语写着"苏巴·纳迦"（Subhash Nagar，光耀之城）。

在他们进屋之前，艾扬格在地板上放了一小铁锅大米。拉玛玛妮走了进来，用脚碰了碰那个铁锅。撒满朱砂粉的米粒散落在地板上，拉玛玛妮迈出了她进入新家的第一步。她走进房子，在地上留下了红色的脚印。这对夫妇能够负担得起的只有这种简单的仪式，这标志着他们初次进入婚姻生活。

艾扬格和拉玛

艾扬格环顾着自己的陋室。他每天都要前往学生家教授瑜伽，与学生们的那些豪宅相比，他的房子相形见绌。他的住处总共只有150平方英尺，一楼被隔成两间，二楼有一个小空间。一楼是一间厨房和一间被隔出来作为起居室、卧室和瑜伽室的房间。这栋房子看起来却比较宽敞，因为里面没有什么东西。厨房里只有一个铝壶、两个盘子和一个炉子。厨房里的所有东西都是艾扬格的学生借给他们的。

艾扬格注视着拉玛把他们这个月剩余的几个安纳塞进小神像的下面。他们俩对贫穷已经习以为常了。但是，艾扬格第一次觉得自己的人生完整了，他热烈地爱上了这个走进他生活的新人。拉玛玛妮在心底也充满了对丈夫的爱意，她凌晨4点以前就会起床。当艾扬格醒来的时候，就能闻到新冲好的咖啡散发出的浓浓香味，弥漫在两个小房间里，诱惑着艾扬格起床。

拉玛早晨会和艾扬格共用一杯浓烈、香甜的手冲咖啡。然后她会坐在一旁，看着艾扬格练习体式和调息。他们的关系越来越亲密，在思想、身体和灵性上，艾扬格会把她当成一面镜子，当成一个辅具，也会把她当作一个学生和老师，而拉玛则总是心甘情愿地将艾扬格的需求放在第一位。艾扬格上完课后，通常都会坐在拉玛身旁，看着她做饭，欣赏她优雅的动作，并沉浸于椰子油和食物香料混合而散发出的香味之中。

虽然艾扬格要用微薄的收入勉强支撑着两口之家的生活，但拉玛玛妮的到来让他的生活变得更加轻松，而不是像他之前担心的那样，觉得生活会变得更加艰辛。仅仅凭借几个安纳，拉玛每天就能做出各种各样的家常饭菜。对艾扬格来说，拉玛做的素辣粉（sambhar）和米饭就是家乡的味道。

一天，艾扬格回家时碰到拉玛正在认真阅读一张单子，单子上记录了他俩的收支明细。当他们一起核对这张单子的时候，艾扬格惊讶地发现他们俩一起的开销竟然和他单身时是一样多。他凝视着拉玛平静而沉稳的表情，生活仍然很艰难，但比他想象的要美好得多。

最重要的是，艾扬格觉得终于有了一位可以倾诉衷肠的对象，一个可以与他共同分担生活负担，可以提供睿智的建议，并且能够善解人意的妻子。作为一个年轻人，在面对女性时艾扬格可能会感受到的任何自然冲动、诱惑和吸引，都在妻子身上得到了升华。在结束一天漫长的工作之后，他总是会看着她睡觉。他沉浸于各种感情之中——尊重、感激、满足和深深的爱意。[1]

在爱和希望中生存

1943 年 12 月，艾扬格遇到了另一位贵人——波查（F.P. Pocha）。波查在浦那拥有一家种子公司。由于坐骨神经症导致腿部灼烧性疼痛，他的身体变得虚弱，于是他决定求助于艾扬格。艾扬格的瑜伽课程疗愈了他的疼

---

[1] B.K.S.Iyengar and others, *Body the Shrine, Yoga thy Light*, India: Tata Press, 1978

痛，于是他成为瑜伽的信徒。这位帕西先生人脉很广，在接下来的几年内，他给艾扬格介绍了许多学生。

1944 年 3 月，拉玛妮发现自己怀孕了。艾扬格很高兴，但他意识到，一个婴儿会让他们捉襟见肘的经济状况陷入崩溃的边缘。他开始想办法吸引更多的学生。

艾扬格有一位名为拉姆（Ram）的摄影师朋友，他在皇家西印度赛马俱乐部（Royal Western India Turf Club）工作。艾扬格让拉姆给他拍一些瑜伽姿势的照片。在当时，胶片贵得离谱，拍照是有钱人的专利，但这是艾扬格必须要做的事情。在与拉玛妮商量之后，当月的家庭预算留出一部分用于购买胶片。

为了拍照，艾扬格在两天的时间里摆了 150 个姿势。两天之后，他因发高烧卧病在床。因为拉玛妮已经有七个月的身孕，摄影师朋友拉姆被叫来照顾艾扬格。但是，拉姆很快也生病了，现在拉玛妮要照顾两个病人。

于是他们让班加罗尔的亲戚们前来帮忙。生病的两个人都被送进了医院。艾扬格在几天后出院了，而患有急性疟疾的拉姆则要在医院住更长的时间。艾扬格的哥哥说服了拉玛和艾扬格，让他俩一起回班加罗尔待一段时间，这样他们就可以休息，也能得到很好的照顾。艾扬格通过骑车和步行的方式，挨家挨户通知他的所有学生，告诉他们自己要去班加罗尔休息几天，暂时不能上课。这种多余的折腾使他的病情复发，在抵达班加罗尔时，艾扬格已经烧得发烫，他也感染了疟疾。为了恢复健康，艾扬格在床上躺了 20 天，他不得不向莫蒂和波查借钱度日。

艾扬格从疟疾中康复后，他和拉玛玛妮都觉得应该去拜访克里希那玛查亚，因为古鲁没能参加他们的婚礼。

瑜伽学堂每年都要举办庆祝活动，在当年的 10 月，艾扬格准时到达并参加活动。但是像过去一样，克里希那玛查亚再次惹恼了他的众多学生，他们拒绝参加这次活动。艾扬格觉得在这样的公开场合表达不满并不合适，试图说服那些同学改变态度，但是那些学生并没有听从他的建议。最后，艾扬格只能单枪匹马进行瑜伽示范表演。他刚刚从疟疾中康复，但还是按照老师的吩咐尽了自己的义务，进行了精彩的示范表演。

根据印度的传统，妻子应该回到娘家生孩子。艾扬格把拉玛送到图姆库尔，然后回到浦那，再次见到妻子，就是 5 个月之后的事情了。1944 年 12 月 7 日，他们的女儿吉塔（Geeta）出生了。

波查先生一如既往地大力推荐艾扬格。他把艾扬格介绍给丁肖·梅塔（Dinshaw Mehta）医生的一些病人。丁肖·梅塔医生是一位自然疗法医师，与圣雄甘地关系密切。他经营着一家自然疗法医院，对病人采用非对抗疗法进行治疗，甘地是那里的常客。有鉴于瑜伽能够显著改善病人的健康状况，波查建议梅塔医生聘用艾扬格在该医院工作。梅塔医生随意给艾扬格一个职位，发给他微薄的薪水，并对他进行了诸多的限制。梅塔医生要求艾扬格除了医院之外，不能在其他地方工作，对病人采取的体式练习，也必须由梅塔医生做主。

这样的工作，艾扬格自然是拒绝了。

波查先生当时担任扶轮社（Rotary Club）理事，1946年，他出国参加扶轮会议时，继续支付艾扬格的教学费用。考虑到如果艾扬格收入减少，会对他那羽翼未丰的家庭产生不利影响，波查先生把他的瑜伽课转给了瓦苏达拉·伽普瑞夫人（Mrs Vasudhara Gharpure），后者的丈夫是浦那一位非常成功的外科医生。伽普瑞医生在1937年就观看了艾扬格早期的一场示范表演，尽管印象深刻，他还是认为这种瑜伽并不适合普通人练习。当看到妻子跟随艾扬格练习瑜伽后，他受到了鼓舞，也开始参加瑜伽课程。

从美国回来后，波查先生安排艾扬格在扶轮社进行示范表演。伽普瑞医生是扶轮社的主席，他对观众发表演讲，让他们相信瑜伽不会加重心脏负担，即使身体虚弱、精力不足的人也可以练习瑜伽，让身体状态变得更好。艾扬格现在有两个资助者，伽普瑞医生也开始向病人推荐艾扬格。

自由和幸福

战争结束了，到处充满着乐观的气氛。1946 年 8 月，克莱门特·阿特利（Clement Atlee）要求贾瓦哈拉尔·尼赫鲁组建临时政府。在经历了近三百年的英国殖民统治后，印度人民似乎很快就能掌握自己的命运了。

似乎与印度同呼吸、共命运，艾扬格一家的生活也即将发生改变。

1946 年 10 月，夫妻俩都意外地做了奇怪的梦。

艾扬格梦到主神毗湿奴的一个化身温凯特瓦拉（Venkateshwara of Tirupathi）一只手祝福他，另一只手递给他一束稻谷（传统上象征着繁荣）。主神向艾扬格保证，艰难的日子已经过去了，他应该把所有的时间都用来练习和教授瑜伽。

拉玛玛妮的梦里则出现了一位女神般的美丽身影——身穿黄色纱丽，留着长发，额头上点着朱砂。在梦里，女神递给她一枚金币。女神告诉拉玛，自己和丈夫欠了艾扬格夫妇的债，他们想报答。从那天起，艾扬格夫妇发现他们窘迫的经济状况一去不复返了。

从许多方面来讲，浦那都是印度独立斗争的发源地之一。浦那是耶拉瓦达中央监狱（Yerawada Central

Jail）的所在地，许多印度民族主义领袖都被关押在那里；阿迦汗宫（Aga Khan Palace）——甘地、甘地夫人卡斯图尔巴（Kasturba）和萨若吉尼·奈度遭受软禁之地，也位于这座城市；这里也是印度教极端派领袖萨瓦卡（V.D. Savarkar）及其众多追随者的总部；提拉克（Bal Gangadhar Tilak）所编辑的激进反英报纸《狮报》（*Kesari*）和《马拉他人》（*Mahratta*）都诞生于浦那。多年来，许多与自由斗争有关的仁人志士都是艾扬格家的座上宾。

伐特玛·伊斯梅尔（Fathema Ismail）是一位民族主义领袖，后来被提名加入上议院（Rajya Sabha）。她是一位精力充沛的女性，在独立斗争中积极地与甘地并肩战斗。伐特玛的女儿乌莎（Usha）患有小儿麻痹症，他们一家四处求医，希望能找到治愈的方法，他们找了各种脊椎专家、按摩师、理疗师和江湖郎中。经过当时最著名的整形外科医生基尼（Kini）的治疗之后，乌莎的病情有所改善，但脊柱状况仍然和以前一样。就在这时，伽普瑞医生把他们介绍给了艾扬格。在艾扬格的指导下做了几个星期的瑜伽练习之后，乌莎的脊柱出现了好转。

艾扬格不知道这一家到底想测试他什么，每当他登门对乌莎进行瑜伽治疗时，伐特玛·伊斯梅尔都会假装不在家，但是她会从某个隐蔽的地方偷偷地观察他的瑜伽课程。对于为人母者所具有的诡谲难测的心思，艾扬格并没有特别去注意，他觉得自己面对的是一位需要帮助的病人，他只需全心全意做好自己的工作。当伊斯梅尔相信艾扬格具有相应的能力之后，她向艾扬格承认自己一直在观察他。"你是一位大师。"她终于承认。对于艾扬格而言，这根本无关紧要，无论乌莎的母亲是否在场，他对乌莎的治疗方式都是完全一样的。在任何时候，艾扬格的主神都在凝视着他。

后来，伊斯梅尔女士对他建立了毫无保留的信任，以至于当她在孟买成立残疾人协会时，她也希望艾扬格能亲自去教孩子们练习瑜伽。艾扬格很乐意帮忙，但他意识到伊斯梅尔女士希望他一个人承担所有工作，因为在训练孩子上，她不相信其他任何人。这在体力上是不可能的事情，艾扬格不得不拒绝。

浦那到处都是为印度自由而抗争的爱国者。社会主义者阿彻特·帕特瓦丹（Achyut Patwardhan）曾是"退出印度运动"（Quit India Movement）的推动者之一，甘地通过这场运动领导了一场大规模抗议，要求英国退出印度。阿彻特兄弟经常来上艾扬格的瑜伽课。吉塔·艾扬格回忆道，当时她被帕特瓦丹抱着在花园里溜达，寻找那些成熟、可以被采摘的番石榴果实，帕特瓦丹还教会了吉塔如何爬树。

艾扬格的名气越来越大。伊斯梅尔女士的另一位朋友帕克西马（Pakseema）先生的女儿也患有小儿麻痹症。帕克西马先生是浦那穆拉图雷（Muratore）餐厅的老板。他曾求助于几位知名医生，经过昂贵的治疗之后，小女孩的病情并没有任何好转，他们最后求助于艾扬格。仅仅几个月后，这个女孩就开始有了明显的好转，之前很明显的跛行几乎完全消失了。

帕克西马先生在印度独立后移居巴基斯坦，由于坚持瑜伽练习，他的女儿过上了近乎正常的生活，最后也结婚生子了。

在指导帕克西马女儿练习瑜伽的过程中，艾扬格花了很多时间与他探讨宗教哲学和《古兰经》。帕克西马向艾扬格指出了《古兰经》和吠陀经典的诸多相似之处。他对艾扬格谈道，不管属于什么宗教，灵魂最终都是普遍而统一的。

这些交流让艾扬格意识到，与初次踏入浦那的那个少年相比，自己已经发生了巨大的变化。初次踏入浦那时，他深信自己的婆罗门至上思想，非常谨慎，不与其他社区和种姓的人一起吃喝。如今，二十多年的城市生活已经抹去了他的这些特质。现在，他享受着伊斯兰朋友的盛情款待，实际上也吸收了他们言谈中的智慧。这帮助艾扬格认识到，外在的东西并不重要，重要的是人的内心。在宗教、种族和阶级差异的表象下，他开始看到并欣赏将我们人类联系在一起的共性。

1947 年，帕克西马和他的家人前往巴基斯坦，这对艾扬格来说是一个巨大的经济损失。更重要的是，他感到失去了一位朋友。

尽管印巴分治的声音甚嚣尘上，由此引发的暴力已经四处蔓延，但没有什么能阻止大家的喜悦。当印度人走上街头庆祝印度的自由时，空气中洋溢着各种可能性，人们心中充满了希望。这是一个盛大的节日，一个盛大的庆典，这一切都是向印度独立和新生民主的献礼。

随着午夜的临近，人们可以听到街上的喇叭声、音乐声、气球破裂声和鞭炮声。艾扬格、拉玛玛妮（肚子里的另一个孩子将要出生）和他们蹒跚学步的女儿吉塔也在庆祝新印度的诞生，他们的心中充满自豪。

此后的每一年，甚至在他有了孙子之后的几年里，艾扬格全家都满怀热情地庆祝印度的独立日。他们挂上了小国旗，准备了特别的糖果来庆祝这一天，甚至还升起了家族的旗帜。

"在午夜的钟声敲响之时，当全世界都在睡梦中时，印度将为获得新生和自由彻夜不眠。一个历史上少有的时刻来临了，印度正处在越过旧时代进入新时代之时，处在一个时代结束之时，还处在一个灵魂遭到长期压迫的民族发出自己的声音之时。"在独立日，尼赫鲁用低沉的声音通过公共广播系统向全国发表讲话。

在印度获得自由后，唯一没有分享这个国家喜悦的人群就是555位王公和王子。凭借着高超的口才，萨达尔·帕特尔（Sardar Patel）说服他们加入印度联邦。对于以前的邦国王室成员来说，这种新旧交替带来了许多困难。他们现在能够动用的"私用金"受到限制，金额只相当于所在邦国年收入的8.5%左右。作为邦国的统治者，迈索尔的王公也受到了同样的待遇。这个协议导致的结果就是让这些统治者中的大多数人如同被人剪掉了翅膀，他们突然无法享受已经习惯的生活了。

对于迈索尔王公来说，这意味着他要放弃很多自己喜欢的项目。最后被砍掉的项目之一是迈索尔的瑜伽学堂，王公再也负担不起这笔资金，而印度政府也无意为其提供资金。

1951年4月，古鲁邀请艾扬格参加一年一度的瑜伽学堂活动。这将是迈索尔瑜伽学堂的最后一次庆祝活动，而艾扬格无法前往参加。不久之后，古鲁写信告诉他迈索尔的瑜伽学堂关闭了。

很显然，艾扬格为此很沮丧。这意味着在瑜伽学堂服务这么长时间之后，他的古鲁彻底陷入了困境。对艾扬格来说，瑜伽学堂也是他自己学习瑜伽技艺的地方，现在他也以瑜伽为生。从感情上，他对迈索尔的学堂还有很深的依恋。艾扬格感到无助，他给班加罗尔的报纸寄了两篇文章，还给政府当局写了几封请愿信，但是这一切都如同石沉大海，政府根本不会管。瑜伽学堂从此再也没有重新开办。

1947年8月29日，拉玛玛妮和艾扬格有了他们的第二个女儿瓦妮塔（Vanita）。他们位于苏巴纳迦的小屋里现在充满了两个小女孩的声音。他们认为因为财富女神拉希米的眷顾，每个女儿的出生都给这个家庭带来了相应的繁荣。

艾扬格一生都对自己的成就保持着一种诚实的态度，既可爱又纯真。当然，他也有另外一面，有时给人的印象是严厉、虚荣和傲慢。

他可能会让某个学生在全班同学面前摆出一个体式，然后轻蔑地指着那个倒霉的学生，甚至连踢带拍，纠正他，让他做出正确的体式。艾扬格把这个可怜的学生弄得紧张兮兮、浑身发抖之后，自己摆出这个姿势，挺起胸膛得意扬扬地说："你们这些人只会高谈阔论，大话连篇。没有人能像我这样做。"还有一次，他用带着浓重口音的英语对学生们说："所有这些人都去了西方，玛哈士（Maharishi Mahesh yogi）去了西方，迪仁德拉（Dhirendra Brahmachari）去了西方，但他们没有什么影响力。谁能够有影响力？其他人都不行，只有我让瑜伽流行起来，如同今天大家看到的这样。"

尽管不免夸大其词，但其中还是体现了他的心无城府和与生俱来的朴实。他从不试图通过掩饰来欺骗别人，不会用虚假的姿态让人们觉得他比实际表现出来的更伟大、更有成就、更虔诚，甚至更谦虚。和他在一起，你获得的就是一个表里如一的艾扬格。如果他有时显得鲁莽和咄咄逼人，但至少他是真实的。他也常常声称，他的灵性也与他的身体密切相关。

因为他对自己的优点和缺点总是抱着实事求是的态度，当看到人们试图蒙骗别人时，他总是迷惑不解。

1948 年，人们听说斯瓦米·拉曼南德（Swami Ramanand）从喜马拉雅山归来，他打算做一个公开演示，将自己埋在地下 24 小时。艾扬格对任何极端的生理或心理能力都非常感兴趣，他前往观摩，发现 24 小时还没有到，拉曼南德就从地下出来了。这位斯瓦米说他在地下处于三摩地的状态，非常疲劳。虽然这与自己的理解不相符，但艾扬格接受了斯瓦米的解释，但是他指出了自己的三摩地体验与斯瓦米的体验有何不同。

尽管有几家报纸在抹黑斯瓦米的表演，但是，艾扬格仍然试图拜会他。一些人告诉他，除了与媒体共度的一个小时外，其余时间，斯瓦米都在三摩地之中。最后，艾扬格不仅如愿与斯瓦米交谈，还让他观看了自己的体式表演。艾扬格的表演让斯瓦米非常激动，他告诉艾扬格，即使在喜马拉雅山，他也从未见过这样的技术，他允许艾扬格每天都与他见面。这让艾扬格很吃惊，因为他原以为斯瓦米整天都在忙于灵性修行。让艾扬格更惊讶的是，当他在一天中的不同时间去拜访斯瓦米时，他发现斯瓦米总是在从事非常世俗的活动，一点灵性的影子也没有。

两年后，斯瓦米计划去美国旅行，并建议艾扬格与他同行。艾扬格觉得，尽管出国旅行非常诱人，但他对斯瓦米瑜伽水平的真实性缺乏足够的信心，无法与他合作。

艾扬格在浦那的发展势头足以让他在那里扎根。他有一位了不起的妻子，并且深爱着她。他的两个女儿也一天天长大，正在学习讲话。两个小女孩所讲的语言是泰米尔语、坎纳达语和马拉地语的奇特混合体，艾扬格非常享受聆听她们咿呀的学语声。对艾扬格来说，这是一段宁静幸福的时光。

1948 年 1 月 30 日，艾扬格刚刚结束一天的工作，全印度广播电台突然宣布圣雄甘地去世。甘地是印度历史上最受爱戴的政治领袖，这个国家刚刚经历了印巴分治导致的互相残杀，如果刺杀甘地的人是一位宗教人士，那么另外一场流血事件将不可避免。整个国家都屏住了呼吸，等待更多的细节。据报道，凶手是来自浦那的婆罗门纳图拉姆·戈德森（Nathuram Godse），他曾公开宣布，他对杀死甘地毫不后悔。浦那受到了强烈的冲击。

刺杀的阴谋是在沙尼瓦·佩斯（Shaniwar Peth）策划的，离艾扬格一家在苏巴·纳迦（Subhash Nagar, Shukrawar Peth）的住所不到 10 分钟的车程。凶手纳图拉姆·戈德森的家和办公室离艾扬格的家只有两公里。当艾扬格一家在为每日的生活忙碌时，戈德森和他的同伙们已经在策划那个时代最令人发指的罪行——杀害圣雄甘地。

在接下来的日子里，浦那到处都是愤怒的暴徒，他们焚烧、抢劫、暴动，洗劫全城的婆罗门家庭。艾扬格一家惶惶不安。当时，吉塔 4 岁，瓦妮塔刚刚满 1 岁。然而，艾扬格一家并不是凶手所属的契帕万（Chitpawan）婆罗门社区的成员，因此，他们幸运地躲过了愤怒的暴徒。

09 - 瑜伽士和哲学家

　　1948 年，由神智学会培养的哲学家克里希那穆提以世界导师的身份来到浦那。令人奇怪的是，克里希那穆提的早年生活与艾扬格颇为相似，他也出生在一个婆罗门家庭，他的出生地是马德拉斯管辖区（现在的安得拉邦）一个名为马达纳帕利（Madanapalle）的地方。

　　克里希那穆提由单亲父亲抚养长大，从小体弱多病，反复发作的疟疾让他的身体十分虚弱。他的父亲在金奈神智学会找到了一份职员的工作，他们也就搬到了那里。就在这时，这个面色苍白、骨瘦如柴但却魅力十足的男孩引起了查尔斯·韦伯斯特·赖德拜特（Charles Webster Leadbeater）的注意。赖德拜特是一位信仰破灭的圣公会牧师，在布拉瓦茨基夫人（Madame Blavatsky）的指导下，他接受了神智运动，并从英国移居到马德拉斯（现在的金奈），主导神智学会在这个城市的活动。赖德拜特称克里希那穆提有一种毫无瑕疵的气质，具有成为世界导师的潜力。赖德拜特后来被指控对未成年人进行性侵犯，他当时可能只是被克里希那穆提迷人的外表所吸引。克里希那穆提13岁时就被布拉瓦茨基夫人和赖德拜特收养。从那时起，神智学会就在他身上倾注了大量的金钱和精力，给予他最好的训练，让他成为"世界弥赛亚"。尽管受过如此全面的训练（可能正是因为受到这种训练），成年的克里希那穆提还是挣脱了神智学会强加给他的期望，开始了自己的灵性探索。1929年，克里希那穆提发表了历史性的演讲，断绝了自己与神智学会的联系，声称他唯一关心的是"让人类获得绝对、无条件的自由"。1948年，克里希那穆提来到浦那时，艾扬格参加了他的每一次讲座。像往常一样，波查先生把艾扬格介绍给这位哲学家。艾扬格示范了他的体式，当吉杜（即克里希那穆提。译注）说他的示范表演"非常专业"时，艾扬格感到很难过。艾扬格认为自己的瑜伽技能是神赐予的天赋，而不是专业的技术。后来，克里希那穆提请艾扬格指导一下他正在练习的体式。虽然克里希那穆提能够做出许多的体式动作，但以艾扬格的眼光来判断，没有一个能够达到完美和精细的标准。此外，克里希那穆提练习体式的方式也让其气喘吁吁，疲惫不堪。艾扬格告诉克里希那穆提，自己可以帮助他改善体式，纠正他错误的呼吸模式。

克里希那穆提坚称自己呼吸困难是因为早晨已经做

过一次练习，这次是第二次练习的缘故。艾扬格没有和他争论，而是说他可以让克里希那穆提再做一遍体式，并且不会让他的呼吸感到任何不适。克里希那穆提照做了。艾扬格通过用腿、膝盖、手掌支撑克里希那穆提身体的不同部位，展现出瑜伽的魔力，消除了克里希那穆提肌肉的疲倦，放松了他过度紧张的神经系统，让他的呼吸变得平稳。

在练习结束时，克里希那穆提说，他很愿意跟随艾扬格学习，但他很穷，无法负担学习费用。这让艾扬格难以置信，但他愿意在没有其他课程的时候，免费教授克里希那穆提。艾扬格唯一的空闲时间是凌晨4点，克里希那穆提说这太早了。他们无法就此达成一致，艾扬格也不可能抽出另外的时间。

于是艾扬格将这件事告诉了波查先生。波查先生放弃了自己早晨6点的瑜伽课，请艾扬格连续两天在这个时间段教克里希那穆提，波查先生欣然为其承担费用。在艾扬格指导下上了两天瑜伽课之后，克里希那穆提觉得，为了与艾扬格一起练习瑜伽而放弃早晨的睡眠是完全值得的。从第三天开始，他每天早上4点就准备妥当，当其他人都在睡觉的时候，他亲自打开门迎接艾扬格的到来。只要住在浦那，克里希那穆提就一直跟着艾扬格上瑜伽课，后来又在瑞士的格斯塔德（Gstaad）继续上了很多年的课。

艾扬格也参加了克里希那穆提的一些演讲，因为他的言行并不一致，艾扬格没有多少兴趣。"不要批评别人，也不要为自己辩护"是克里希那穆提早期的座右铭，艾扬格挖苦地说，克里希那穆提讲这句话的同时，却经常真诚地批评所有的宗教和世界宗教领袖。

尽管克里希那穆提建议他的追随者们摆脱习惯性模式，但他自己并没有完全践行这个教导。在他的房间里，可以看到阿尔卑斯山的壮丽景色，为了在做头倒立的时候面对墙壁而不是面对山峰，克里希那穆提将地毯调整到特定的方向。而艾扬格希望他面对着山峰，所以改变了地毯的方向。克里希那穆提立刻把地毯转回来。艾扬格温和地提醒他，不管地毯朝着什么方向，最终是头部方向决定了头倒立式的最终位置，克里希那穆提没有必要再调整地毯的位置，他这样做，仅仅是出于他的习惯模式。

另一方面，克里希那穆提乐于学习，如果觉得自己错了，他会自嘲。当艾扬格指导他应该如何伸直双腿，并且让肌肉不产生颤动，据说他当时说："我真是个蠢家伙，没办法理解这么多。"[1]

---

[1] *70 Glorious Years of Yogacharya B.K.S.Iyengar*, Kirloskar Press, 1990

克里希那穆提从未公开过他与艾扬格的关系，但对艾扬格来说，正是这样种关系让他跻身富人和名人之列。然而，在情感层面上，克里希那穆提对他的态度让他感到痛苦，在日后，每当听到这位哲学家的名字时，他总会感到有点不舒服。

信心的曙光

波查种子公司的波查先生突然病得很重。诊断结果是脊椎供血中断症导致的消化功能丧失。知名的莫迪（M.S.H. Mody）医生建议他接受著名神经外科医生金德（Dr. Ginde）的紧急手术。他声称，如果波查不及时进行手术，估计会瘫痪。波查先生的家人赶紧把他送到孟买的布里奇·堪迪医院（Breach Candy Hospital），立即在那里接受手术。

手术一个月后，波查先生仍然没有康复的迹象。手术后，理疗师每天都去看他，但他的状况并没有得到改善。因为在手术前曾得到艾扬格的帮助，波查先生把他从浦那叫了过来，他确信瑜伽能帮助他重新站起来。然而，金德医生彻底否定瑜伽。他勉强同意打电话给艾扬格，但金德博士给这位瑜伽老师的第一个告诫就是："不要使用瑜伽进行治疗！"

金德博士希望艾扬格遵照自己推荐给病人的治疗方

案。很明显，他对瑜伽有一种消极的态度，因为很多瑜伽练习者在采用"洁鼻"（neti）和"净胃"（dhauti）对身体进行排毒后产生了感染，最后不得不求助于他。虽然艾扬格抗议说他只教体式和调息，但这并没有让医生信服。开始的时候，艾扬格让波查先生按照医生的建议进行练习。

金德医生每个周末都会开车去浦那看望他的病人波查先生。这样的情形持续了 3 个月，但是病人的状况没有任何改善。最后，绝望的金德医生同意艾扬格采用瑜伽治疗方法。尽管在之前的治疗过程中，金德医生通过一次大型脊柱手术和 3 个月的术后强化护理，并没有带来任何积极的结果，但是，他还是坚持要求艾扬格的治疗要在两周内看到效果。

艾扬格首先开始处理波查先生的小便失禁。在规定的两周内，病人不仅能够很好地控制膀胱，而且能够在借助支撑的情况下坐起并站立。对此，金德医生十分叹服。"真是辛苦你了，而我却凭空沾了你的光。"他坦率地对艾扬格说。从那时起，直到几年后去世为止，金德医生把许多棘手的病人推荐给艾扬格。艾扬格再一次使一位顽固分子对瑜伽产生了信任。

艾扬格一家仍然住在隔成两间的小房子里。后屋现在被用作厨房、育儿室和游戏室，而前屋则作为艾扬格的瑜伽课室。1949年7月2日，艾扬格的独子普拉桑特（Prashant）出生了。只有两个房间的家现在变得相当拥挤。

只要有多余的钱，艾扬格就热衷于买报纸来读。一直到去世为止，他平均每天都要花一个小时读报。他的外甥谢沙德利（Seshadri）每年夏天都会去浦那看望他，他记得自己坐在凳子上，为艾扬格读两三个小时各种各样的报纸，而艾扬格一直在那里练习瑜伽。也许正是因为如此热衷于摄取新闻信息，艾扬格对媒体力量具有很大的信心。

在访问艾扬格的这些日子里，谢沙德利记得艾扬格向他推荐的长长书单。这并不像我们大多数人所做的随随便便的推荐。艾扬格要求年轻的谢沙德利在自己外出教学期间阅读这些书，并为每一本书写摘要。然后读书摘要将被提交给艾扬格，艾扬格将与他进行讨论。谢沙德利把他在校外学到的很多东西都归功于舅舅的这些教导，艾扬格尽心尽力地指导他，从斯瓦米·维韦卡南达（Swami Vivekananda）的作品到帕坦伽利的作品，他们都会一起探讨。

谢沙德利是艾扬格最喜爱的外甥之一。谢沙德利认为，正是因为他比其他人更具有学术倾向，才受到了舅舅的宠爱。事实上，艾扬格对待他更像对待弟弟，因为他们只相差几岁。此外，他是艾扬格最喜欢的姐姐西塔玛的儿子。

1949 年 8 月，艾扬格在报纸上读到一篇文章，其中提到斯瓦米·库瓦拉亚南达（Swami Kuvalayananda）经营的凯瓦拉亚达玛（Kaivalyadhama）瑜伽学院获得了政府拨款。

艾扬格已经有了足够的经验，并且获得了正面的反馈，他觉得他的瑜伽体系可以与当时任何其他瑜伽体系分庭抗礼。他还决心将瑜伽纳入印度所有学校的课程。

他不仅自己进行了申请，还让克里希那玛查亚申请，希望获得政府的拨款。经过两年的书信申请，最后，政府的拨款仍然是遥不可及的梦想。

然后，他又想出了一个新的办法。他写信给孟买首席部长克尔（B.G. Kher），请他举办全印度瑜伽表演活动，让人们同台演示，然后向那些优秀的瑜伽老师提供资助。克尔承诺给艾扬格做出答复。

一个月后，艾扬格收到了自己寄出的信件，他寄给克尔的信被退回来了。克尔已经将这封信转寄给斯瓦米·库瓦拉亚南达，但后者可能没有收到这封信。库瓦拉亚南达当时担任孟买体育教育委员会主席。艾扬格把那封皱巴巴的信再寄还给了克尔。克尔收到信后，并没有回复。

艾扬格是不会轻易放弃的。当克尔搬到浦那时，艾扬格还在努力争取与他见面的机会。艾扬格的忠实支持者波查先生认识克尔，克尔的一个儿子患有小儿麻痹症，波查推荐艾扬格去帮助他。波查告诉克尔，艾扬格的瑜伽对伊斯梅尔的女儿乌莎和帕克西马的女儿产生了神奇的效果。波查先生的介绍依旧那么神奇，经过几个月的努力，艾扬格终于见到了克尔。

1949 年 10 月 17 日，艾扬格与克尔见面，并提出将瑜伽推广到全国各地学校的想法。此外，他建议政府在拨款前，应先对各个院校进行充分的评估。克尔让艾扬格几天后再来，并且让他在自己的住所进行瑜伽示范表演。

示范表演令克尔印象深刻，他告诉艾扬格，他总有一天会得到政府的认可。艾扬格沮丧地说，可能要在他死后很久，政府所给的荣誉才会姗姗来迟。其中一位客人抱怨说，政府阉割了艺术的积极赞助者——诸邦国的王公，却没有采取任何行动来支持艺术家。克尔淡淡地回答说，政府没有资金。

意识到艾扬格在政治资金运作方面确实是一窍不通，克尔的一个儿子可能对艾扬格生起了恻隐之心，把他带到另一个房间。他递给艾扬格一杯牛奶，让他平静下来。在谈话中，他无意中透露，获得政府援助的库瓦拉亚南达是克尔的舅舅。真相已经水落石出，艾扬格不再向克尔求助了。

1949年12月，艾扬格又一次遇到了他的老朋友高凯尔医生，离他们上次见面已有十来年了。随着时间的流逝，他们之间的误会已烟消云散，再次见到彼此，他们都很高兴。高凯尔先生问艾扬格是否愿意在全印度体育大会上进行表演，卡里阿帕（Cariappa）将军将主持会议。

卡里阿帕将军也来自卡纳塔克邦，但是他是来自库格（Coorg）凉爽的咖啡种植区。他在第一次世界大战后参军，在第二次世界大战中功勋卓著。1949年，在辉煌的戎马生涯结束后，他被任命为印度陆军的第一任总司令。这位将军对艾扬格的表演很满意，觉得士兵们也应该了解一下艾扬格对身体控制的熟练程度，于是要求艾扬格在陆军体校再表演一次。

这次表演之后，艾扬格展示的一些体式被添加到陆军训练手册中。军方还希望艾扬格对每个体式进行解剖学、生理学和病理学层面的分析。但是，艾扬格并没有时间做这些工作。

1950年10月，艾扬格从波查先生那里得知斯里·尼希亚南达（Sri Nithyananda）将访问浦那。斯里·尼希亚南达原籍泰米尔纳德邦，据说在他12岁时，他老师的身体融入他的身体，因此他就开悟了。他在班加罗尔建立了一个静修处，并且在印度到处旅行，并发表有关灵性主题的演讲。

当他们在浦那会面时，艾扬格请求这位大师能给他一点时间，让他做个示范表演。表演被安排在商业巨子瓦尔昌德·西拉昌德（Walchand Hirachand）家中进行。

大师全神贯注地观看了表演。在结束的时候，他说这是他所见过的最壮观的瑜伽表演，"像一条流畅的河流"。尼希亚南达称艾扬格为"成就者"（sidhha purusha）——获得特殊或超自然力量的人。他告诉艾扬格，不要因为经济窘迫而沮丧。他说："贫穷是智慧的花环。"在后来的一次公开演讲中，这位大师还谈到了艾扬格的苦行、自律，他说正是这些品质让艾扬格成为瑜伽大师。

1951 年 7 月 3 日，艾扬格一家迎来了另一个女儿苏妮塔（Sunita）。

1951 年，艾扬格应邀在孟买给耆那教圣人巴德兰卡吉（Badrankarji Maharaj）教授瑜伽。巴德兰卡吉从他在浦那的一些耆那教学生那里听说过艾扬格，获悉艾扬格对瑜伽十分精通。长期以来，这位耆那教圣人一直在寻找一位瑜伽老师。当艾扬格去见他时，他发现尽管这位圣人乐于拜他为师，但那些信众的态度非常狭隘，对于让一位不信耆那教的年轻小伙子来教他们伟大的导师这件事，他们并不开心。观摩了艾扬格的瑜伽示范，并与他进行灵性上的对话之后，尽管他的信众依然表示反对，但是这位圣人还是决定让艾扬格教他。

每个星期六早上，艾扬格都会乘坐上午11点的火车前往孟买，晚上再返回浦那。每次乘坐7个小时的火车，虽然只是为了教只有一个学生的课程，但艾扬格却收到了丰厚的回报。由于孟买的其他人听说艾扬格要前来给眘那教圣人教瑜伽，他们也想参加他的课程。

展翅高飞

1948年6月，当库什德·卡帕迪亚（Khurshid Kapadia）将艾扬格介绍给梅赫拉·茹斯敦·瓦基尔（Mehera Ruston Vakil）的时候，一切看起来都很平常。但这次见面注定要把这个年轻人从贝鲁推到聚光灯下，并把艾扬格瑜伽变成一个全球性的现象——就像披头士乐队或可口可乐一样。

梅赫拉要在浦那待一个月，向艾扬格学习瑜伽。她的丈夫和婆婆觉得梅赫拉正沉迷于一些神秘的宗教仪式，可以想见，他们因此感到不安。让他们松了一口气的是，他们见到的不是一个半裸着上身躺在钉床上的江湖骗子，而是艾扬格先生，为了体现他的束发，艾扬格把头刮得非常干净，他骑着自行车，穿着熨得很平整的衬衫（kurta）和腰布。

完全可以看出，梅赫拉出生在一个富裕的家庭——她的指甲修剪得整整齐齐，头发也梳理得非常精致，一口高雅的孟买帕西口音，身上穿着精美的手工刺绣迦拉纱丽（gharaa saree），晚上欣赏的是孟买室内管弦乐队的演出，享用着精致的茶味三明治（表皮处理得非常整齐！），她家还拥有穿制服的佣人和琳琅满目的中国古董花瓶——她属于一个完全不同的世界。

开车行驶在商贩路（Pedder Road）主干道上，车水马龙，人声鼎沸，这时刻提醒着你，你正身处在世界上最嘈杂的城市之一。当驶离繁忙的大道，驶入卡迈克尔路（Carmichael Road）时，会让人觉得自己来到了这座疯乱城市的一片绿洲。你的心跳变慢了，似乎在参观一个没有被时间所触及的地方。沿着这条绿树成荫的路慢慢走下去，越来越觉得自己把孟买抛在了身后。即使在近70年后的今天，这条路仍然保持着神奇的宁静。许多平房已经被巨大的高楼大厦所取代，但瓦基尔（Vakil）花园别墅保持着艾扬格当年参观时的样子。这栋房子隐藏在一条街道的角落里，街道两旁排列着漂亮的凤凰树（gulmohurs）。这是一座两层的别墅，散发出一种低调、优雅的奢华气息，这是梅赫拉家祖传的房产。可以想象，艾扬格走进这栋别墅，并将之与自己家仅有两室的住所进行比较的情形。梅赫拉那栋被称为"香格里拉"的别墅里的最小房间都能轻而易举地装下艾扬格的那个两居室小屋。

梅赫拉并不仅仅是开始跟艾扬格上课，她还接纳了艾扬格。她的家人被艾扬格逗得乐翻了天。梅赫拉扮演希金斯（Higgins）教授（电影《窈窕淑女》的男主角。译注），艾扬格扮演小瑜伽士，他穿得像个职员，有一张像雷雨云一样的脸，几乎不会说英语。

每个周末，艾扬格上完课之后，梅赫拉都会让家里的工人给他做一些软嫩的黄油黄瓜三明治，并让她的厨师做出另外的三盘素菜。她坚持要他用叉子和勺子吃东西。

尽管举止优雅，梅赫拉也有帕西人古灵精怪的另一面。也许是由于几个世纪以来的近亲结婚，也许是由于对社会既定规范的适应不良，也许是他们并不屈服于外部社会的压力，帕西人一直以行为古怪而闻名。他们总是做一些无伤大雅的事情，比如在酷暑之日头顶着一个西瓜皮到处溜达，将玫瑰糖浆涂在皮肤上治疗糖尿病，或者切下干涉夫妻幸福生活的多事婆婆的鼻子这样残暴的行为。

但梅赫拉的疯狂行为是无害的。她出人意料地让家里的工人端着一杯水走在她前面，一边走一边洒在路上。她非常热爱动物，总是想方设法地去拯救它们。她曾被授予"动物之友"（Pranimitra）奖章。有一次，她在路上看到一头受伤的牛，令她丈夫非常吃惊的是，她想把牛装进他们的豪车里，这样他们就可以把牛带回家照顾了。也许正是这种无法抑制的助人本能使她向艾扬格伸出了援助之手。

梅赫拉嫁给了印度心脏病学之父茹斯敦·迦尔·瓦基尔（Ruston Jal Vakil）博士。当时，世界上还没有治疗高血压的药物，瓦基尔博士发现了萝芙木（sarpagandha）对高血压和心理治疗的作用，并进行了里程碑式的研究，这项研究为他赢得了拉斯克奖（Albert Lasker Prize），他后来又获得了莲花装勋章（Padma Bhushan）。

用今天的话说，梅赫拉和瓦基尔是一对有地位的夫妇。

在孟买，他们的生活在克拉巴（Colaba）和卡迈克尔路之间的 7 公里范围展开，但是世界尽在他们的掌握之中。

1950 年，当梅赫拉和丈夫去英国旅行时，她带着一本相册。这本相册里的照片就是在艾扬格和他的朋友拉姆患上疟疾之前，由拉姆花了两天时间千辛万苦用极其昂贵的胶卷拍下的。这本相册将会证明所有这些努力都是值得的。

10 - 音乐大师遇到瑜伽大师

1952 年，印度总理尼赫鲁邀请耶胡迪·梅纽因（Yehudi Menuhin）在马德拉斯为赈饥组织举办音乐会。梅纽因和他的妻子戴安娜（Diana）安排了一次印度之旅，梅纽因在若干城市演奏小提琴，并把演出所得的全部利润捐给了赈饥基金。

梅纽因在新西兰一家整骨诊所邂逅并迷上了瑜伽。他在那里看到的一本关于瑜伽的小书在某种程度上改变了他。长期保持特定的姿势造成了他身体的不平衡和紧张，让这位演奏家在生活中充满了肌肉和神经的疼痛。很快，梅纽因对这种神秘的技艺产生了兴趣。

在开始巡回演出之前，梅纽因在詹帕斯 10 号（10 Janpath）与尼赫鲁住在一起，在这几天里，尼赫鲁发现了这位音乐大师对瑜伽的喜好，立即提出和梅纽因进行倒立比赛。就在这时，管家走进来宣布要吃晚饭了，他惊奇地发现这两位大人物头朝下在做倒立。

这个倒立的故事被媒体报道之后，被广泛转载。除

广受欢迎的梅纽因戴着花环来到孟买

了爱读报纸的艾扬格之外，还有谁会偶然发现这个新闻呢？大约在同一时间，梅赫里·梅塔（Mehli Mehta，纽约爱乐乐团著名指挥家祖宾·梅塔的父亲）向浦那的牙医梅赫·弘吉（Meher Homji）咨询，问他是否认识能教梅纽因瑜伽的人。梅赫·弘吉医生知道艾扬格教过克里希那穆提，所以艾扬格的名字一下子就出现在他的脑海里。梅赫·弘吉医生问艾扬格是否愿意去孟买，艾扬格表示，如果有人支付他前往孟买的旅费，他就会去。与此同时，这位医生发现，一些本地的瑜伽练习者已经排着队想当梅纽因的瑜伽老师了。

艾扬格在每周与梅赫拉的通信中提到了他与梅赫·弘

吉医生的谈话。梅赫拉绝不会让艾扬格的愿望落空。当接到一个与梅纽因喝茶的邀请时，梅赫拉非常开心。她使出浑身魅力，决心让艾扬格先生获得与梅纽因见面的机会。

银茶匙在半透明的骨瓷茶杯里叮当作响，侍者们端着切成小块的开胃小菜为大家服务，梅赫拉看见梅纽因在房间的一角聚精会神地与人交谈。她立即迎上去，给他看了艾扬格先生的相册。梅纽因已经见过无数的瑜伽老师候选人，他的耐心正在慢慢消失。最近他见了库瓦拉亚南达和巴特（C.M.Bhat），后者是艾扬格在迈索尔时期的同事，他们并没有给梅纽因留下深刻的印象。看到艾扬格的照片后，梅纽因很感兴趣。

但是，梅纽因觉得艾扬格太年轻，梅赫拉向他保证，这位瑜伽行者是位行家，比那些上了年纪的人更了解瑜伽的精微之处。她告诉梅纽因，艾扬格对人体生理和解剖结构的理解非常精确。梅纽因被这份诚挚的证词所说服，要求与艾扬格约定一次 5 分钟的会面。

艾扬格感到很好笑，他从未与任何人约过 5 分钟的会面。为了这次 5 分钟的会面，他要从浦那花 4 个小时的时间来到孟买。梅赫拉开车把他送到了梅纽因所在的邦长别墅。当艾扬格到达的时候，他没看到任何人，甚至连内务人员都没看到。等了大约一个小时后，他开始四处溜达,看见有人在卧室睡觉。那个人醒过来,发现卧室里有位不速之客,很不高兴。艾扬格告诉他,自己大老远前来,想要找梅纽因,并且已经等了一个小时。听到这话之后,那位睡着的先生——原来他就是梅纽因——感到非常抱歉。从那一刻起,艾扬格开始展现出他掌控一切的魅力。

然而,当艾扬格想要开始表演时,梅纽因给自己找了个借口,他说虽然自己很喜欢艾扬格的那张专辑,但是他实在太累了。艾扬格问他是否想放松一下,这位音乐家的神经就像他的小提琴弦一样紧绷,无法拒绝这个提议。

艾扬格用他的手指以商穆克印(shanmukhi mudra)放在梅纽因火热的双眼上。几分钟后,梅纽因就睡着了。艾扬格得到消息说,霍米·巴巴博士(Dr. mi Bhabha)和其他人正等着见梅纽因,但梅纽因睡得很香,他不能把手从梅纽因的眼睛上移开。梅纽因醒来之后,声称这45分钟是他多年来睡得最安稳的一觉,他请艾扬格第二天早上再来教他。在这45分钟的课程里,这位学生除了睡觉什么也没做,这将成为改变艾扬格命运的一课。

第二天,当梅赫拉陪着艾扬格前往邦长别墅的时候,她告诉艾扬格,梅纽因在前一天的晚宴上和其他客人都提到过他。梅纽因向所有嘉宾提到,他想带艾扬格出国,指导他和家人练习瑜伽。晚宴上的嘉宾包括总理尼赫鲁、尼赫鲁的妹妹维贾拉希米（Vijaylakshmi Pandit），还有埃莉诺·罗斯福（Eleanor Roosevelt）。艾扬格一飞冲天，飞上了上流的精英层，现在他需要做一次深呼吸。

第二天，艾扬格瑜伽课的学生还包括梅纽因的妻子和同伴马塞尔·加塞列（Marcel Gazelle）。课程持续了3个半小时，之后梅纽因提出了自己的愿望，他问艾扬格："你愿意去我家住一年吗？"艾扬格提醒他，自己有家人在印度。梅纽因告诉他，他希望艾扬格至少在欧洲待上4个月，然后就没再提，他让艾扬格能好好考虑一下。

梅纽因在孟买停留期间，艾扬格一直给他提供私人的瑜伽课程。梅纽因在孟买的演出非常成功，当他前往印度其他城市时，他发现，因为没有获得古鲁的指导，在其他城市的演奏表现和在孟买的表现有很大的不同。

虽然艾扬格的欧洲之行并没有在那年实现，但梅纽因意识到就像梅赫拉所说的那样，艾扬格是独一无二的。

后来，在谈到与这位瑜伽大师的会面时，他说："我也了解过其他的大师和课程，但只有在遇见艾扬格先生时，我才开始定期学习瑜伽。第一次与他见面时，我就像中了魔咒一样。我们相识于孟买。一天早上，他出现在我的房间里，直截了当地表明，他马上就要向我'一显身手'，我也要'听他吩咐'。尽管我很有名，但对他来说，我只不过是另一个身体非常僵硬的西方人。"

梅纽因 1954 年回到印度，这次他不用到处找瑜伽老师了。他一到印度，就开始和艾扬格一起上课。不久，梅纽因就要前往德里。他不想错过瑜伽课，所以请老师陪他一起去。艾扬格去德里后，就有机会见到尼赫鲁了。这位瑜伽士对此次会面非常感动，并向总理赠送了一本他的瑜伽体式相册。德里之行结束后，梅纽因对瑜伽练习带来的良好状态非常着迷，他说服艾扬格陪他去瑞士待 6 个星期。

人丁兴旺

与此同时，艾扬格家的人口不断增加。1953 年 7 月 21 日，拉玛生下另一个女婴，名叫苏琪塔（Suchita）。长女吉塔开始上学读书了，而父亲因为教学，变得越来越忙。当艾扬格教完课回到家之后，晚饭时间是全家和他在一起的特别时间。

在浦那的早期，每周日都会有一群讲旁遮普语和泰米尔语的人聚在一起。这后来发展成一个叫作卡纳塔克社团（Karnataka Sangha）的协会。这个协会约有 15 名成员，他们会在其中一个会员家中举行社交聚会。当聚会在艾扬格家举行时，大家都非常期待拉玛所做的特殊香料米饼（upma）。香料米饼是一种常见的早餐，由粗粒小麦粉制成，但是拉玛用她独特的手法，成功地把它提升为可以供养诸神的佳肴。艾扬格一家和他的朋友们会围坐在小房间里，一边享用热腾腾、散发着酥油香的香料米饼，一边喝着温暖美味的南印度咖啡，大家愉快地交谈，空气中弥漫着浓浓的友谊的芬芳。

1954年，艾扬格开始在孟买开办瑜伽课程。除了要去梅赫拉的别墅里给她上私人的瑜伽课外，在孟买最早期学生之一的是一位名为玛塔·瓦腾博格（Martha Wartenburger）的犹太女士，另一名学生巴卓·塔拉普瑞瓦拉（Barzo Taraporewala）将在艾扬格走向世界的过程中发挥重要作用。巴卓是一个高高瘦瘦的帕西先生，有着迷人的眼神和低沉的声音。据说，他曾对一个冒失地要求他大声说话的人说，她应该"超越语言的局限，倾听他灵魂的声音"。

巴卓很早就追随了艾扬格。除了做律师，巴卓还是勇于冒险的摄影师、《印度快报》（*Indian Express*）的法律记者和自然爱好者，他后来成为艾扬格最亲密的朋友和伙伴之一。

巴卓的孩子们并没有成为学员，但他们会和父母一起上课，坐在一旁，观看大人习练。巴卓的儿子伊拉奇（Irach）回忆道，如果他们这群小孩子太吵了，艾扬格就会走向他们，模仿发怒的狮子，发出吼叫的声音。有时候，这样做并不能阻止伊拉奇淘气的行为，艾扬格就会威胁他，让他纹丝不动地做出莲花体式。事实证明，对于这个小男孩来说，这与其说是威胁，不如说是挑战，因为他随后会在教室里蹦蹦跳跳，大胆地让艾扬格去抓他。尽管艾扬格是臭名昭著的火暴脾气，但是对于年幼的小孩，他却有着惊人的耐心。

丹·帕尔契瓦拉（Dhan Palkhivala）走进空荡荡的孟买高等法院图书馆，脸上看不到她那标志性的笑容。她的医生刚刚告诉她，由于子宫有严重的问题，她可能永远不会怀孕。医生给了她一丝微弱的希望，那就是瑜伽也许能帮助她恢复健康。当丹向巴卓吐露心事时，巴卓透过厚厚的眼镜看着她，用他特有的方式说："如果要练瑜伽，除了找艾扬格还能找谁呢？"

在古鲁吉如鹰般双眼的监督下，丹跟随他练习瑜伽，后来生了3个男孩。在第一个和第二个男孩之间，她曾怀孕，但后来流产了，因为当时艾扬格在欧洲。没有艾扬格的指导，她是不被允许练习瑜伽的。

丹的第二个儿子贾汗基尔（Jehangir）在4岁时被艾

扬格叔叔举起来，在空中旋转，这场让人心惊胆战的初次见面给这个小孩子留下了恐惧的阴影。每到星期天，当艾扬格叔叔来和家人一起吃早餐时，这个4岁的小男孩就逃得无影无踪，在瑜伽士离开很久之后他才出现。在7岁的时候，他也参加了瑜伽课程，并且喜欢上了艾扬格叔叔，艾扬格一到他家，他就迫不及待地跑去给他开门。有一天，当他冲向门口的时候，他被自己的天鹅绒帕西鞋（sapaat）绊倒在地，疼痛难忍。他记得，当时艾扬格叔叔把他抱起来，给他的骨头复位，并固定好，然后将他抱在怀里很长时间。贾汗基尔因摔倒造成了前臂双骨（桡骨—尺骨）骨折。骨折的伤痛已经过去很久了，但贾汗基尔仍然记得那天艾扬格叔叔抱着他时那种温暖舒适的感觉。吉塔说，和帕尔契瓦拉家的3个孩子在一起，安纳（艾扬格家的孩子称父亲为"安纳"）"像个孩子"。

帕尔契瓦拉家的孩子阿迪尔、贾汗基尔和费洛泽（Phiroze）对调息的顺序了如指掌。但是，因为年纪尚小，不允许他们练习调息。取而代之的是，他们被要求不断地做后屈和倒立的动作，并且要在不同的体式之间做大量的前翻和后翻练习。

这是他们和艾扬格叔叔在一起的时光。他们会给艾扬格看自己新买的玩具和小玩意儿，艾扬格似乎也同样地喜欢这些东西，他们都喜欢其中的一个玩具枪。贾汗基尔记得，当艾扬格叔叔在教室后面和他们一起射豌豆的时候，所有年纪大的学生都在认真地进行调息练习，他们得努力憋住自己的笑声。

20世纪60年代初，孟买瑜伽课程的常客是巴卓·塔拉普瑞瓦拉、帕尔契瓦拉一家、莫提瓦拉一家（Motiwalas）、拉提·温瓦拉（Rati Unwala）、米诺·卓伊（Minoo Chhoi）、玛丽·瑟特纳（Mary Sethna）、朵利（Dolly）和维洛·皮塔瓦拉（Villoo Pithawala）。他早期的学生大多是帕西人。这可能是因为他们中的一部分人对灵性和探索不同族群的文化总是持有一种更开放的态度，也可能是因为他们知道自己的秉性里有一种对完美的渴望，这是一种他们自己也非常认同的特质。也许，尽管古鲁吉讲话带口音，说着印式英语，但他天性中的诚实吸引着这个群体，他们如此重视这样的美德。

当被人问到为什么有这么多帕西人选择他的瑜伽课程时，据说古鲁吉的回答是"因为他们是有文化的族群"，这让提问者迷惑不解，不知道艾扬格是在赞扬帕西人，还是在夸奖自己。

后来，山姆（Sam）和芙瑞尼·莫提瓦拉（Freny Motivala）、玛都·提卓瑞瓦拉（Madhu Tijoriwala）、班格拉（Bangera）一家和梅塔一家也加入了这个班级。当时许多上

20 世纪 70 年代艾扬格在指导孟买的瑜伽课程

过这门课的孩子，最后成长为第二代艾扬格瑜伽教师。

　　每个星期六，古鲁吉会从浦那搭乘新引进的德干女王号列车前往孟买上课。通常，当轮到上调息课的时候，拉玛和孩子们也会陪艾扬格前往孟买。

　　在孟买，他会单独教梅赫拉和塔拉昌德（Tarachand）姐妹，然后再继续上集体课。在布拉拜·德赛礼堂（Bhulabhai Desai Auditorium）上完周六的课后，艾扬格会和周六班的学生一起在孟买南部的一个俱乐部或巴卓的家里聚会。聚会结束之后，他会来到拥挤的市中心，找一家铁路旅馆，在那里过夜。即使后来他和孟买的学生们关系更加亲密，他们恳求他留下来和他们住在一起时，他还是坚持住进简陋的旅馆。第二天早上，他将继续教授周日的早间瑜伽课程。然后，他会和帕尔契瓦拉一家吃一顿简单的早餐，丹会把他送到维多利亚火车站，他在那里乘坐上午的火车回浦那。

10年后加入这个班的费若扎·穆纳瓦尔·阿里（Firooza Munawar Ali）非常肯定地说："来自孟买的早期学生是古鲁吉的第一批朋友。对他来说，这些人就像是家人一样。"到了后期，当一名学生建议艾扬格不要再去孟买教瑜伽的时候，他毫不含糊地说："只要我还有一口气，只要精力允许，我就不会停止孟买的瑜伽课。我爱孟买的那些学生。他们中的许多人多年来一直对我忠心耿耿，尽管往返孟买的旅途很辛苦，但我还是喜欢去那里与孟买的学生见面。"

梅赫拉经常招待艾扬格，瑜伽课结束后，她会与艾扬格坐在家里的走廊上喝一杯薄荷茶，而艾扬格则喝咖啡。他们会进行长时间的交谈，谈论生活和瑜伽，窗外的乌鸦喧闹地欢叫，试图掩盖他们的声音。

艾扬格与巴卓的关系也同样亲密无间，他花在巴卓身上的时间比花在其他任何学生身上的时间都多。与艾扬格的火暴性格完全相反，巴卓像喜马拉雅山的冰川一样平静。巴卓是唯一一个同时参加周六和周日课程的人，他也是一个惜言如金的人，需要用凿子才能从他嘴里抠出话来。尽管这两个人性格迥异，但他们之间的亲密友谊是不可否认的。

丹记得自己和古鲁吉无所不谈——不管是痛经，还是家庭内部出现的问题。古鲁吉每次去欧洲的时候，他的家人都会陪着他去孟买，然后住在帕尔契瓦拉家里。在他离开的前一天晚上，帕尔契瓦拉一家要在他们尼斯堡（Ness Baug）的家里，或者在达达尔的莫提瓦拉住所为他举行聚会，他孟买所有的学生都会参加。

在私下的交谈中，古鲁吉是最令人愉快的同伴。他全神贯注地带着尊重聆听，常常迸发出他特有的笑声，像火山一样从他的内心深处喷发出来，这种喷发非常壮美，它会向他周围的空间和附近的人散发出光芒。

在瑜伽课堂上，他则让人恐惧。只要他的脚步一踏进房间，整个屋子就充满了紧张的气氛。每个人都处于高度的觉知状态；每一块肌肉、每一根神经、每一根肌腱都准备妥当，随时听从他的指导。如果他们的思想开小差了，不能按照他的指导进行运动，他们就会感受到——艾扬格踢打或者拍打他们的脊柱或者胸腔或者腿，或者其他来不及反应的身体部位。在课堂上，古鲁吉要求大家全神贯注，全身心投入。

他愿意将所获得的知识倾囊相授。有一些课程专门教后屈，他花了很多的课堂时间来支撑每个人的腰，帮助他们向后弯腰。一旦他们在地板上做出了理想的彩虹，他就会再次抓住他们的腰，帮助他们站起来。他会一直这样帮下去——30 个学生——按照他要求的次数完成任务。因此，教授后届的课程对古鲁精力的要求通常要比对学生的要求严苛得多。

古鲁吉会亲自帮助每个学生做头倒立。一名过于急躁的学生在做这个体式的时候，没等古鲁吉准备好就将脚放了下来，敲掉了古鲁吉的两颗门牙。

无须其他人的证明，孟买的学生就意识到他们的老师很特别。但是他的独特还是被一个灵媒证实了。有一次，丹和贝拉姆（Behram）偶然遇到了查亚·沙斯特里（Chaaya Shastri），他们觉得他对过去拥有非常准确的了解，并能对未来进行具体的预测。查亚·沙斯特里可以通过观察人的影子来获取这些信息。他们对此印象深刻，将之告诉了古鲁吉。巴卓和艾扬格一起去拜访沙斯特里。这位占星家从 3 个位置测量了艾扬格的影子。

"这是一个非常特别的灵魂。"他告诉艾扬格和巴卓。然后他查看了古鲁的星盘，说："这个人会治病，但不是用药物，而是用手。他前生是个医生。"

查亚·沙斯特里说对了。古鲁吉用各种方式治愈了人们的许多疾病。有一次，丹的肾结石发作了，疼痛难忍，她不得不服用止痛药，并且卧病在床。在缺了一周又一周的课之后，她终于决定至少要去参加调息课程。

艾扬格知道她遭受了一段时间病痛的折磨。他让全班学生连续做了45分钟的经脉净化（nadi shodhana）。当丹上完厕所后，她听到一块石头掉在陶瓷马桶里发出的叮当声，她低头看见一块黑色的石头在水中闪闪发光。没有疼痛，没有流血，也没有任何不适。

当她告诉古鲁吉她小便的时候排出了结石时，古鲁吉说："你现在回家吧！"一到家，她通过尿液排出了所有的残渣——大量的脓液和血液。艾扬格再一次展现了他的能力。

孟买的学生现在是古鲁吉生活中不可分割的一部分。他们都很兴奋，因为梅纽因的关系，他们的老师终于得到了公众的认可，他们决定集体请梅纽因一家到一家高级餐厅吃饭。吃完饭的第二天，梅纽因（有点不厚道地）表示，对于他这种经常出席公众场合的人来说，这顿饭并没有什么特别的，他见过更大的宴席场面。

这就像是对艾扬格的挑衅。毕竟，对艾扬格来说，他的妻子拉玛是世界上最好的厨师。艾扬格立刻决定，让梅纽因尝尝真正的印度食物，他将会品尝到拉玛亲手做的家常菜。

晚宴将在丹和贝拉姆位于尼斯堡的家中举行。丹按照古鲁吉的要求，确保大厅里没有家具。靠墙的地板上铺着垫子。为了招待这位大人物，丹借来了银器，因为当时他们的经济状况不允许这样奢侈。

在请客的那天早晨，拉玛和古鲁吉出门去采购所需的原材料。出门步行 5 分钟就是菜市街（Bhaji galli），在那里他们可以买到当地最新鲜、种类最多的蔬菜。帕尔契瓦拉一家走出家门，来到屋外的走廊上，在电梯前送艾扬格夫妇出门。一阵不合时宜的微风把门吹上了，把他们都锁在门外。

真是好事多磨！为了让这位伟大的小提琴家开心，每个人的神经都紧张起来了。

古鲁吉问丹是否可以去邻居家看看。邻居很乐意帮忙。艾扬格走进邻居的阳台，他的阳台与帕尔契瓦拉家的阳台相邻，中间只隔着一堵厚厚的水泥墙。他低头看着五层的高度差，估量着墙的高度。没等任何人提出反对，他已经爬上了邻居那边的阳台墙，抓住墙，把一条腿转到墙的另一边，放在帕尔契瓦拉家的一侧，然后像猴子一样跳了过去，他到了另一边。看到这一幕，所有人都目瞪口呆地站在那里，他们张大了嘴巴，心跳加快，血脉偾张。看到离地面这么高，他们心中觉得十分庆幸，因为只要有一点闪失，艾扬格必死无疑。

过了一会儿，古鲁吉从里面打开了帕尔契瓦拉家的门，他用标志性的笑声，欢迎他们进屋，就好像什么都没发生过一样。

拉玛和丹与吉塔和瓦妮塔在帕尔契瓦拉的家中

也顾不上艾扬格的老师身份，丹生气地数落了他一通，埋怨他不看重自己宝贵的生命。艾扬格一定感受到责备中的关怀，因为当丹责备他时，他笑了。

一个小时后，这对夫妇从市场回来，买回一堆东西，拉玛可以用它们准备八道甚至更多的佳肴了。如果让丹来计划这次宴会，她会提前 3 天开始准备。到了宴会当天下午 3 点，她的菜就已经蒸好，可以盛进精致的盘子里了。

当拉玛和她坐在床上，用温柔迷人的语调和她谈论吉塔、瓦妮塔和普拉桑特的最新情况时，丹开始心不在焉了，她心中的焦虑越来越强烈。她焦急地盘算着还有多少事情要做，而事实上一切都还没开始。如果他们还没有开始烹饪，到时候能为这位享誉世界的名人提供什么呢？

　　大约下午4点，拉玛终于觉得应该开始了，于是她动手烹饪。她一个人不声不响，但是非常有效率地完成砍、剁、磨、拌、捣的工作。到了7点，晚宴差不多准备好了，但是，在他们开始用餐之前还需要炸油炸饼（puris）。在加盐和调味品的过程中拉玛并不需要通过尝试来控制分量，丹感到很惊奇。这是她从古鲁的妻子那里学来的另一种瑜伽技艺。

　　当听说古鲁吉已经把梅纽因接回来的时候，她们就开始准备油炸饼了。艾扬格没有把梅纽因带到大厅，而是直接把他带到厨房去见拉玛和丹。

　　梅纽因饶有兴趣地看着这些扁平的棕色面粉饼被放入热油中，顶部和底部神奇地分开，形成了赏心悦目的金黄色泡泡。为了逗逗大家，这位音乐大师问道："请问，它们是怎么分开的？"

　　古鲁吉把他带到大厅，让他坐在地板上的垫子上。当食物端上来时，梅纽因意识到他要用手用餐。大多数泰米尔婆罗门有一个绝妙的饮食方式，通常只有他们的指尖会触碰到食物，但是在最后快要结束时，他们飞快而灵巧地用手扫拢剩下的汤汁，然后翻滚手腕，将汤汁拢到掌心，一下子吮吸到嘴里。这套动作的确非常复杂，需要非常熟练的技巧。

拉玛和丹在帕尔契瓦拉的家中（中间是阿迪尔）

一位客人试图说服梅纽因使用这种方法。纳尼·帕尔契瓦拉（Nani Palkhivala）在一旁观看，他是贝拉姆的哥哥，也是当时印度顶尖的宪法律师。他给梅纽因解围，说："有一个更简单的方法。"随即递给梅纽因一把勺子。这把勺子很快就被艾扬格拿走了，他想让梅纽因拥有完整的印度体验，他要让梅纽因用印度的方式吃完饭。

拉玛的厨艺在这顿晚宴中得到了超常的发挥，吃完饭，丹递给梅纽因一块肥皂让他洗手。他坚持说不用，他想让这些美味佳肴的味道在他的手指上停留更长的时间。

在这次访问中，梅纽因患了严重的流感。虽然几天后他将在皇家剧院（Regal Theatre）举行一场音乐会，但是他卧病在床，无法练习小提琴或瑜伽，艾扬格决定去救场。除了拉玛特别准备的新鲜"胡椒水"外，艾扬格禁止邦长府上的工作人员给梅纽因吃任何食物。胡椒水是一种味美、性温的汤药，由绿豆、小黑豆、椰子和胡椒粉混合，放在酥油中一起烘烤出味，然后把它们磨成浓汤。这是艾扬格族人生病时调理用的汤药。他也用这种汤药调治梅纽因。胡椒水确保梅纽因及时恢复体力，在孟买进行了一场精彩的演出。

艾扬格为梅纽因演示，丹和贝拉姆·帕尔契瓦拉在一旁观看

在早期，有关梅纽因印度行程的报道中，处处都有艾扬格的身影，他们之间的这些互动标志着这两位大师长期关系的开始。

11 - 海外之旅

1954 年，桑达拉第一次出国旅行。"犯海忌"（Samudra Ullanghana）的观念禁止婆罗门跨越海洋。在印度神话中有一种信仰，认为海洋是诸神的安息之地，人们永远不能去打扰他们。违反此条禁忌的惩罚是丧失自己的种姓身份。自从来到浦那，这位瑜伽士不得不做许多违反种姓制度严格规定的事情。婆罗门只能食用同一种姓婆罗门所制作的食物。尽管这些规则中有许多似乎已经过时，但在比较小的城镇和农村，人们仍然虔诚地遵循着它们。桑达拉不太确定他在班加罗尔的亲戚们对他出国的计划如何反应。

在开始旅行之前，桑达拉去班加罗尔寻求母亲的祝福。如果母亲对自己跨越重洋有所异议的话，他就打算重新考虑自己的计划。他母亲一如既往地鼓励他，然而，他的舅舅们却非常生气，并发誓说，当桑达拉旅行归来时，他们不会允许他进入自己的家门。但是桑达拉获得了母亲的祝福，他决定启程出发。

梅赫拉·瓦基尔提前训练了他，让他做好了准备，这样当他与西方社会的上流人士交往时，就不会觉得自己是个局外人。在此之前，艾扬格用手吃东西、舔手指，完全用印度方式来表示对食物的认可。他从梅赫拉那里学会了如何摆放叉子和勺子，为女士开门，去别人家做客时要摘下帽子。

为了前往欧洲给梅纽因教瑜伽做准备，梅赫拉说服艾扬格去理发，处理掉他的"束发"。她还担任艾扬格的服装顾问，建议他应该带什么样的衣服御寒，让他的衣着适合将要进入的社交圈子。

艾扬格剪掉了他那个婆罗门束发，把剩下来的头发梳理成新的发型，让人想起加里·格兰特（Cary Grant）的发型。他那双炽热的眼睛在他还算慈祥的眉毛下闪闪发光。初次穿上西装的他看起来已经为征服世界做好了准备……

全家人和所有的学生都和他一起前往孟买机场，为他送行。艾扬格在机场拍了一张照片，他穿着长裤和长袖衬衫，用椰子油向后梳好头发，并从中间分开，脖子上戴着花环，怀里抱着他的女儿，看上去非常严肃。

格斯塔德是瑞士西南部的一个村庄，1960年被《时代》杂志（Time Magazine）称为"胜地"。经常有人乘坐国际航班去那里度假，还有一些人为了呼吸山上的空气而常年住在那里。尽管比他的家乡浦那小得多，格斯塔德在名气上还是碾压浦那；罗杰·摩尔（Roger Moore）、伊丽莎白·泰勒（Elizabeth Taylor）、格蕾丝·凯利（Grace Kelly）和罗曼·波兰斯基（Roman Polanski）等名流都居住于此。

梅纽因把艾扬格介绍给他的许多音乐家朋友，其中包括波兰钢琴家维托尔德·马尔库津斯基（Witold Malcuzinsky）。二战期间，马尔库津斯基在法国过着冒险的生活，法国向希特勒投降后，他和新婚妻子不得不逃离。四处漂泊很长一段时间之后，他在瑞士定居下来。马尔库津斯基像梅纽因一样迷恋艾扬格，并且希望这位瑜伽士陪他去英国。艾扬格和他一起去了英国，教了他一段时间瑜伽后，艾扬格在巴黎与梅纽因会面，再教梅纽因几个星期瑜伽之后，他回到了印度。艾扬格这次穿越了几个大洋，诸神似乎并没有因此而生气。

艾扬格教梅纽因和他的孩子们练习瑜伽。他还和梅纽因一起研究如何更好地握小提琴，他觉得梅纽因之前握小提琴的方式和他的身体姿势造成了一种不必要的紧张，从而影响到他的演奏。

旅行结束时，梅纽因送给他一块欧米茄手表。表的背面刻着：

"献给我最好的小提琴老师 BKS. 艾扬格。

"耶胡迪·梅纽因，1954年9月于格斯塔德。"

这块表一直是艾扬格最珍贵的财产之一。

结束这次旅行回到印度后，艾扬格非常消瘦，和之前相比，如同一个影子。他的学生丹是个心直口快的人，直截了当地问他为什么变得这么瘦。艾扬格言简意赅地回答道："每天都吃煮土豆、煮花椰菜、煮白菜。"

"但你为什么不吃巧克力呢，古鲁吉？"丹问他。"因为巧克力里有鸡蛋。"艾扬格一本正经地说。丹请他坐下，然后教这位伟大的瑜伽士如何阅读食物成分标签。多亏了丹的帮助，艾扬格寥若晨星的菜单上才增添了几项食物。

然后，他告诉丹，在正式晚宴上，西方音乐圈的精英会穿着最好的礼服，坐在那里。当瑜伽士坐在指定的座位上时，一个穿着制服的侍者会推着一头肥肥的烤乳猪进来，猪嘴里塞着一个苹果，滴着汤汁。作为一个严格的素食婆罗门，艾扬格一生中从未见过这样的场面，他尽量保持镇定。当其他人开始大快朵颐、享受烤乳猪时，艾扬格就漫不经心地在煮土豆、花椰菜和卷心菜等素菜盘里挑来拣去，他思念拉玛在家里做的饭菜。

艾扬格没有向丹提到的是，酒店最初拒绝让一名"有色人种"入住他们的客房。但是，梅纽因特别要求允许艾扬格入住酒店——尽管他属于"有色人种"。在这位知名小提琴家的要求下，酒店为艾扬格破例，勉强同意接待他。但是，他们做出了一个要求，不许他下楼吃早饭，他只能在楼上自己的房间里接受服务，这样就不会惊扰到酒店里白人住客的情绪。艾扬格去欧洲并不是想做罗莎·帕克斯（Rosa Parks），去推动平权法案，他只不过是想养家糊口而已。他按照要求待在房间里。

尽管现在有了梦寐以求的"海归"标签，但在艾扬格的内心深处，他仍然是那个来自贝鲁的穷孩子。与西方社会的第一次接触让他感到不安。这些人来自完全不同的文化和社会阶层，对于这样一个世界，他必须慎重地做出反应，而不能率性而为。后来艾扬格对他的一名学生说："我心里有一个复杂的情结。这些人都是社会的精英，我感到自卑。我必须克服这一点，但开始的时候这并不容易。"在浦那，尽管他并不富有，但他的学生给予他印度人对古鲁的特有尊重。而在西方，他不过是一名瑜伽老师。

艾扬格早年访问伦敦的时候，梅纽因让他住在他朋友卡威尔女士（Lady Calwill）富丽堂皇的房子里。艾扬格在那里住了几天后，这位女士告诉他，他必须开始付房租了。艾扬格吃了一惊，随即告诉梅纽因他付不起天文数字般的房租。然后梅纽因带他去见一位自己认识的老先生，这位老人有空房子，梅纽因告诉艾扬格应该通过教老人瑜伽获得免费住宿。当他们将这个想法告诉这位老人后，这位老人拒绝了。他向梅纽因透露他有个女朋友。艾扬格获悉此事后，说："那又怎样？他有女朋友，我可以做他的男性朋友，我们可以住在一起。"梅纽因发现无法向这位天真的瑜伽老师详细解释这位老人的生活状态，只好叹了口气："哦，艾扬格先生，你太天真了。"最后，梅纽因找到一对老夫妇，他们住在只有一间卧室的小房子里。艾扬格问他们的第一个问题是要收多少钱。"如果我去你在印度的家，你会收我钱吗？"老人问。这似乎是艾扬格可以住的地方。艾扬格和梅纽因都对这一安排感到满意。最后，艾扬格住在那里，睡在客厅的沙发上。每天早上醒来后，艾扬格都会尽量轻手轻脚地把沙发挪到房间的一边，然后练习瑜伽。在隔壁的房间里，他能听到那对老夫妇轻轻的鼾声。

尽管梅纽因很富有，但他竟然这样千方百计避免为艾扬格支付住酒店的费用，这似乎令人讶异。很明显，他不会让艾扬格待在自己家里，因为他的妻子戴安娜对他痴迷于瑜伽颇有微词。戴安娜是一个美丽但固执己见的女人，她不会轻易示弱。

1984年戴安娜披露："我们确实有过激烈的争吵。"然后补充道，"我曾向耶胡迪扔过两个托盘和一台打字机。"①

梅纽因的所有家人都不支持他的瑜伽爱好。他的女儿扎米拉（Zamirah）说："他做过的最让我尴尬的事就是——我才10岁——他做瑜伽动作的照片出现在《生活》杂志的封面上，在照片中，他将舌头伸向肚脐。杂志发行后，我有三天没去上学。"②

艾扬格回忆起有一次他在酒店房间里做反转轮式（Viparitachakrasana）的时候，酒店的访客不断听到他落地时脚敲击地面的声音。他们想象不出这种声音是人为造成的，所以觉得是那个地方在闹鬼。他接连好几天都在做这样的动作，后来旅馆的工作人员来到他的房间，对他说："先生，很多客人都在抱怨这层楼发出奇怪的声音，我们真诚地希望这种声音没有打扰到您。"艾扬格先生试图装出无辜和关心的样子，但对自己普通的体式动作发出的声音所产生的恐怖效果，他在内心深处暗自发笑。

生活在继续

多年来，艾扬格当过许多印度政治人物和领导

---

① 《每日电讯报》(*Telegraph*)，2003年2月6日，伦敦
② http://www.telegraph.co.uk/culture/4718903/So-much-love-forman-so-little-for-us.html

人的瑜伽老师，但他最喜欢的是贾亚普拉卡什·纳拉扬（Jayaprakash Narayan）和他的妻子普拉巴瓦蒂（Prabhavati）。1952年，艾扬格在浦那丁肖·梅塔医生的诊所与他们相识。贾亚普拉卡什多年来一直患有糖尿病。由于甘地本人提倡自然疗法和禁食，许多年轻的国大党领导人也把它当成一种获得健康的方式。贾亚普拉卡什在浦那丁肖医生的诊所进行了为期20天的净化禁食。阿彻特·帕特瓦丹觉得贾亚普拉卡什能从艾扬格的教导中受益，于是把他介绍给艾扬格。

贾亚普拉卡什开始练瑜伽时，已经快59岁了。艾扬格被他的单纯和谦逊所吸引。当艾扬格一家住在苏巴纳迦时，贾亚普拉卡什常去拜访他们。虽然经过拉玛的收拾，他们家的小屋一尘不染，但仍然显得简朴、寒酸。在招待贵宾的时候，他们的地板和椅子上甚至都没有垫子。当艾扬格建议去向邻居借一把椅子时，贾亚普拉卡什说不必要。"不，不，不，"他坚持说，"我不需要，我习惯这样坐着。"他走到艾扬格的几个孩子中间，盘腿坐在地板上，和他们全家一起享用拉玛做的美味佳肴。

艾扬格帮贾亚普拉卡什解决了坐骨神经痛和腹部病症，并控制住他的糖尿病。贾亚普拉卡什似乎是一个热爱学习的人，学会体式之后，还持续练习了很多年。

贾亚普拉卡什是一位甘地主义者，后来成为印度民主最伟大的捍卫者之一。1976年，英迪拉·甘地宣布紧急状态，以"内部骚乱"为理由实施严格的审查制度。当阿拉阿巴德高等法院以选举舞弊的罪名对甘地夫人做出判决时，贾亚普拉卡什·纳拉扬要求她辞职，并要求全国人民加入他的"全面革命"（sampoorna kranti）运动。人们相信，如果有人能让甘地夫人明白什么是理性，那一定是贾亚普拉卡什。但是，反对派的所有高级领导人都被逮捕入狱。后来贾亚普拉卡什罹患重病，但是他仍坚持在医院里发出抗议。

艾扬格一直和他有书信往来，直到1979年贾亚普拉卡什去世，他们的信件里充满了关于健康和家庭状况的信息。

贾亚普拉卡什逝世的时候，不仅是艾扬格，那个时代的大多数知识分子和理想主义者都在哀叹一位伟大灵魂的逝去。

1955年5月5日，艾扬格最小的女儿萨维塔（Savita）出生了。萨维塔是家里的小宝宝，总能享受到特权。父母总是允许她跟着出门，对于她的要求，也都答应。

她记得自己只被父亲打过一次，而普拉桑特和其他孩子则经常挨打，当时她因为去朋友家玩耍而没有去上学。她被父亲叫回家，挨了一记响亮的耳光。艾扬格不希望他的孩子像他一样荒废学业。

吉塔和普拉桑特还记得父亲的亨伯（Humber）自行车，艾扬格曾骑着它在浦那穿行。当艾扬格去教克里希那穆提时，吉塔常常坐在自行车上和他一起前往。她还记得，在浦那凉爽的早晨，母亲给她裹上暖和的衣服，把她抱到自行车前面的座位上，她心中充满着美妙的期待。

亨伯自行车是艾扬格的骄傲和快乐，每到周末，他都会花大量的精力清洗它，把它擦得锃亮。普拉桑特记得，他的父亲后来甚至给它安装了一个小马达。多年以后，当一辆五匹马力的小型摩托车出现在他们的生活中，这辆自行车才光荣地退役了。

当一家人想一起旅行时，他们会叫来朋友家的维多利亚马车，然后带着拉玛自制的松脆炸饼（murukku）和迈索尔甜点，前往外滩花园或附近的野餐点，6个孩子在饿了的时候就可以随时享受这些美味。

在小的时候，萨维塔经常遭遇到各种窘境。在她刚满4岁的时候——这个年纪的孩子通常在家里是最受欢迎的，但每次她一走近哥哥姐姐，他们就开始抱怨妹妹身上散发出一种奇怪的气味。虽然她没有表现出任何症状，但是家里还是安排她去看了医生，医生说她没有任何问题。看完医生后，哥哥姐姐们的抱怨丝毫没有减少。第二天，在练习调息时，安纳突然将萨维塔叫过去。安纳凭直觉让这个4岁的小女孩像风箱式调息法一样用力

呼气，随后从她的鼻孔里蹦出了一粒西瓜籽。西瓜籽在
她的鼻孔里待了很长时间，所以看起来已经不太完整，
虽然已经腐烂，还是可以辨认出那是个西瓜籽。就连医
生都无法用仪器诊断出来，父亲是如何知道她的鼻子里
有东西呢？萨维塔一直无法理解。

艾扬格的孩子们成长的这座城市在 20 世纪四五十年
代被称为"自行车城"。与今天的浦那非常不同，那时候
的浦那到处都是绿地，有一种小镇的悠闲节奏，人们也
不那么匆匆忙忙的。艾扬格的孩子们还记得小时候他们
住在苏巴纳迦，穿着冬装，被大人带着前往附近的树林
里。在那里，他们沉浸在大自然的恩赐之中，捡树叶、
水果、种子和石头，享受着与家人相伴的宁静时光。

艾扬格的孩子们最珍贵的记忆之一是他们在班加罗
尔进行了为期一个月的旅行，当时艾扬格在这座城市建
造了一座家庭住宅。刚入住的时候，新房子变成了一个
大家庭的招待所。艾扬格的直系亲属、兄弟姐妹、他们
的配偶和孩子，一共有 30 人，他们挤在为数不多的卧室
里，男孩们则被安排住在阳台，拉玛和女孩子们负责做
饭。这一个月和父母、堂兄弟姐妹、阿姨和叔叔们一起
度过的时光是他们童年最美好的记忆之一。

艾扬格细心呵护着和亲人的关系，确保给予他们足
够的关注，以保持整个家族的兴旺发展。因此，只要全

家回到班加罗尔，艾扬格总会与家人、兄弟姐妹和他们的孩子们每周会面一次，在他们最喜欢的维希兰提·巴万（Vishranti Bhavan）餐厅吃一顿咖喱卷饼（masala dosa）。艾扬格在年幼的时候一直与饥饿做斗争，如今和他所关爱的亲人分享食物成了一种维护情感纽带的快乐方式。这标志着幸福的时光已经到来。

艾扬格通过哈比布拉（Habibullah）少将与印度军队建立起联系。哈比布拉曾在缅甸战争中服役，后来饱受痢疾的折磨。艾扬格通过定期的瑜伽练习让他的症状得到了缓解，时任卡达瓦斯拉（Khadakvaasla）国防学院指挥官的哈比布拉想让他的学员们也体验到瑜伽的好处。

1954年，为了科学地证明瑜伽的效果，50名身体虚弱的学员被分成实验组和对照组。对照组继续进行常规军事训练，实验组则与艾扬格一起练习瑜伽。4个月后，瑜伽组在每个参数上都显示出更好的健康水平。因此，军队的所有学员都接受了瑜伽训练。此项训练曾经短暂地中断过，后来，在艾扬格的女儿吉塔和儿子普拉桑特的指导下，于1976年重新启动。

在此期间，艾扬格还拜会了印度第一任总统拉金德拉·普拉萨德博士和苏联总统尼基塔·赫鲁晓夫等名人，利用这样的机会，他通过熟练的体式技巧给人们留下了深刻的印象。

一年一度的欧洲之旅

1956 年，艾扬格再次前往欧洲，此后，直至 20 世纪 70 年代，他几乎每年都会访问欧洲。在这一年中的某几个月内，克里希那穆提也在格斯塔德，因为他要在那里举办年度演讲，因此艾扬格在此期间会教他瑜伽，这样的情形一直持续到 1965 年。艾扬格的社交圈子不断在扩大，越来越多的人，主要是音乐家——克利福德·寇松（Sir Clifford Curzon）、丽莉·克劳斯（Lilli Kraus）和大提琴家杰奎琳·杜普雷（Jacqueline du Pré）——开始跟随艾扬格学习瑜伽。

与克里希那穆提随行的人中有两位女士不相信像艾扬格这样英俊的男人没有情人。她们开始在晚上监视他，试图找出他晚上去了哪里、会见何人，她们无意中发现了其他的隐情——艾扬格的一个女学生晚上和别人幽会。令他们大失所望的是，这位瑜伽老师总是在床上呼呼大睡。

芳达·史卡拉维利（Vanda Scaravelli）是克里希那穆提的一名欧洲学生，过去，她每年都在位于格斯塔德的坦尼格木屋（Chalet Tannegg）招待克里希那穆提，这也是她第一次与艾扬格见面的地方。由于出身贵族，她常被人称为"夫人"，但是，她更喜欢人们称呼她为"芳达"。她举办了盛大的晚宴，邀请各种各样的人。费里尼

（Fellini）、费德里克·拉伯叶（Frederick Le Boyer）和阿道司·赫胥黎（Aldous Huxley）等名人常常与从市场送芳达回家的屠夫聊得热火朝天。芳达是个有怪癖的文化女性，常常离开她的贵宾，到某个角落里去看书。

每当她受伤时——不管是扭伤还是臀部骨折，她首先要问的总是："我过多久才能开始练习？"有一次，她被一辆汽车撞飞了。回到家后，她躺在床上，一直做呼吸练习，直到恢复正常为止。

对瑜伽深深的热爱使她与艾扬格的关系非常亲近，她崇拜艾扬格，并经常与他保持亲密的书信联系。

芳达过去常说，当艾扬格从印度来的时候，她并不是每次都得到事先的通知，她是从克里希那穆提演讲品质的变化中得知瑜伽老师来了。根据芳达的说法，克里希那穆提在上完瑜伽课之后，会变成完全不同的一个人。他变得积极、脚踏实地、充满活力，完全不同于他平时的样子。

克里希那穆提从不愿意正式承认他跟随艾扬格学习瑜伽。克里希那穆提的生平年表提到，1966年，年轻的瑜伽老师德斯卡查尔（Desikachar）受邀前往格斯塔德指导克里希那穆提进行瑜伽练习。这个年表根本不提在此之前艾扬格已经教了他十来年瑜伽，仅仅暗示在1966年之前，克里希那穆提一直在通过瑜伽体式练习改善健康状况，并没有将瑜伽作为一种灵性修持。

这大概是为了避免艾扬格可能对外居功自夸，说自己在灵性之旅中帮助过克里希那穆提。

后来，当艾扬格的出版人在《瑜伽之光》（*Light on Yoga*）中称克里希那穆提曾跟随艾扬格学习过瑜伽时，克里希那穆提的团队进行抗议，准备起诉他。而艾扬格没有办法证实他确实教过克里希那穆提。在克里希那穆提写给艾扬格的所有信件中，他总是称自己为"K"，从不把自己的全名拼出来，只有一封不利于克里希那穆提的信，明确为其所写，在其中一句话里，他毫不掩饰地承认他对艾扬格教授他瑜伽的感激之情，而正是这封信帮助艾扬格避免遭到起诉。

1965 年，这位哲学家和他的瑜伽老师发生了激烈的分歧。听到克里希那穆提经常抱怨艾扬格太粗鲁，他的法国随从杰拉德·布里茨（Gerard Blitz）提出了一个解决办法。布里茨是欧洲瑜伽联盟的创始人，他劝克里希那穆提不要为艾扬格烦心，可以去找艾扬格的老师。当他们找到克里希那玛查亚时，他说自己太老了，让他的儿子德斯卡查尔代替他去教学。

当克里希那穆提突然莫名其妙地转向德斯卡查尔时，艾扬格很明显地觉得自己受到了伤害。克里希那穆提甚至没有通知芳达自己决定转向德斯卡查尔，他让芳达善后。对艾扬格的喜爱一定让芳达备受煎熬。克里希那穆提非常冷漠地表示，转向德斯卡查尔的决定跟自己没有任何关系，这是他的信徒们做的安排。

直到芳达去世，艾扬格一直和她保持联系。梵克·比瑞亚（Faeq Biria）在巴黎经营着一家艾扬格瑜伽中心，他曾与艾扬格一起去意大利探望了芳达。梵克的口音很重，是多种口音的奇特混合，让人想到他的俄罗斯和伊朗血统以及他后来在巴黎的生活经历。梵克回忆道，即使后来年事已高，芳达也非常活泼、热情。

1986年克里希那穆提去世时，芳达正和他们那群人住在一起。当他去世时，"他身体上有孔的地方都插满了管子。"芳达生动地描述道。芳达的家里，吊唁的电话和电报蜂拥而至。她抱怨说："每个人都给我打电话，给我发电报，好像我是他的妻子一样。"

梵克回忆道，艾扬格曾经问到克里希那穆提，芳达的回答让他目瞪口呆。芳达是克里希那穆提长期的仰慕者和友人，有一个问题一直萦绕在艾扬格脑海中，他觉得这次该问这个问题。

"芳达，"艾扬格对她说，"认识他这么久了，你从他身上学到了什么？"

"我学会了……"芳达十分严肃地说，"我学会了沉默。"

然而，芳达在谈话结束的时候告诉梵克，克里希那穆提曾经深情地回忆起艾扬格，经常说他想念艾扬格，并称艾扬格是"最真诚的人"。不管这是真的还是假的，克里希那穆提和艾扬格之间的裂痕已经无法修复了。

梵克记得芳达会坚持让他和艾扬格吃东西，但是自己却不拿盘子装食物。"你们吃吧！"她说，"我看着你们。"一旦艾扬格拿起盘子吃东西，她就开始不断一点一点地从他的盘子里拿吃的。对她这样的行为，古鲁有点不好意思，并且感到抱歉，他担心年轻的梵克会产生误会，他会轻声对梵克说："她只是喜欢这样而已。"

有时候，芳达会要求："艾扬格先生，让我看看你的脚。"因为艾扬格的双脚非常优雅、灵活，他也经常用双脚来纠正学生们的体式，因此，他的双脚也吸引了一些学生。但是没有人比芳达更直接地表达出对他双脚的欣赏。在艾扬格获得"世界古鲁"的光环之前，她就已经与之保持了长期的交往，因此她可以在艾扬格面前很随便地讲话，而这些话如果出自他人之口，可能就会引起流言蜚语。艾扬格感到很尴尬，想把芳达的注意力从他的脚上转移开，于是叫梵克也把脚露出来。芳达会直截了当地奚落梵克的双腿："差远了呢！"然后继续欣赏着艾扬格的双脚。

20 世纪 60 年代的某一年，艾扬格结束了一年一度的瑞士之行，返回印度。他从孟买乘火车回浦那。抵达浦那时，他发现，他在国外工作几个月的收入全部被人从他的口袋里偷走了。一开始他很伤心，但从这次事件中，艾扬格学会了"无执"（vairagya）。工作是他的责任，神赐予他什么，从他身上拿走什么，都不是他所关心的。

艾扬格的许多学生，尤其是他孟买的老学生，不管有没有给艾扬格写信，每周都会收到艾扬格的一封信。如果长期没有那些学生的消息，他会在信中表达自己的抗议。根据艾扬格所在的国家，那些学生有时候收到蓝色的国内信件，有时候收到他用大大的潦草笔迹装饰起来的航空邮件，这些信件成为他们生活中必不可少的一部分。

自从和艾扬格结识后，克利福德·寇松多年来一直保持着与他热情的书信往来。在给艾扬格的一封信中，他以生动的笔调描述了跟随这位瑜伽老师上课的艰辛："我们深深地感谢你并没有对我们放任不管，而是拼命'折磨'我们。"

艾扬格有一个显著的特点，收到信后，他会立即回复，如果信件太多，他也会在3天内回复。如果他没有回信，我们几乎可以肯定他没有收到那封信。

艾扬格和他的学生丹的通信是闲谈式的。他会告诉丹最近发生的事情，介绍自己的健康状况，回答她关于健康的问题，讨论印度的生活和教学情况，询问怎样将钱汇回印度以及水泥的采购和证书的印刷等问题。

如果丹没有像他那样迅速回信，艾扬格就会责怪她。"亲爱的丹，"他霸道地写信给她，"我没有收到你的来信。我给你写了信，期待着你的回信。所有人都想让我写信，但他们不想回信。这再次体现了我的伟大。"

在给丹的另一封信中，他推荐了一些体式给她一个患有心绞痛的学生。在信的结尾，他以自己特有的幽默口吻，带着一丝哲学色彩说："如果你不知道该做什么，去问问丹·帕尔契瓦拉。她会指导你。"

他经常从欧洲给孩子们寄明信片。伊拉奇和苏诺（Sunoo）（巴卓的儿子和女儿）以及阿迪尔过去常常期待邮递员送来贴有外国邮票的漂亮明信片，艾扬格在上面督促他们每天要好好学习，好好练习瑜伽。

当他旅行回来时，他总会给家人带回礼物。萨维塔还记得那些洋娃娃、裙子和漂亮的凯兰帝（Caran d'ache）彩色铅笔，这些礼物让学校里的所有同学都羡慕不已。艾扬格会给拉玛带纱丽、包和珠宝。许多学生都还记得，当拉玛使用丈夫给她带回来的小礼物时的那种自豪。

对于一些年纪较大的学生，比如梅赫拉、塔拉普瑞瓦拉一家或帕尔契瓦拉一家，艾扬格会带给他们布谷鸟时钟、手工刺绣的桌布、钢笔和旅途中碰到的精美纪念品。

　　"安纳什么时候回家？"一天早晨，小萨维塔已经是第十四次问了。

　　拉玛玛妮从她的箱子里挑出丈夫最喜欢的纱丽。她随身带着艾扬格上次从欧洲回来时给她买的包。普拉桑特在外面慢悠悠地吃着他的酸奶饭（dahi bhaat）。姑娘们都准备好了，她们的头发梳得整整齐齐，吉塔帮她们穿上了特别的衣服。他们已经有4个月没见过艾扬格了。孩子们想念他们的父亲，拉玛玛妮想念她的丈夫。虽然大家曾经热切地盼望着他及时回复的充满各种趣事的家书，可是这些信件永远也代替不了他本人的归来。

　　尽管已经很晚，但是艾扬格所有的本地学生都聚集在孟买机场的候机大厅。艾扬格的孩子们永远都记得巴卓手上拿着的百合花环散发出来的香味——这是父亲回家的气息。经过一连串的问候、热烈的拥抱和触脚礼以及兴奋的交谈，这个家庭已经完全准备好迎接父亲的归来。

　　这一次，当他们乘坐德干女王号返回浦那时，安纳把所有的孩子都赶出了车厢。孩子们既惊讶又兴奋，他们走到车厢外，站在车厢之间的连廊里，猜测安纳为什么会让他们出来。

车厢里，桑达拉从口袋里掏出一个盒子，深情地看着结婚多年的妻子。然后，他打开盒子，拿出一枚漂亮的珍珠戒指，戴在妻子的手指上。当初他们结婚时，他买不起任何首饰给她。现在他有钱了，立即想弥补她。他给妻子一个充满爱意的深长拥抱，然后将孩子们叫回车厢。安纳让他们猜猜他们的妈妈现在有什么不同。孩子们唯一注意到的是她脸颊上温暖的红晕、眼中的满足和嘴唇上羞涩的微笑。使她脸上泛起笑容的与其说是戒指，不如说是她丈夫的关爱。她慢慢地举起右手，给孩子们看她的新首饰。姑娘们突然迸发出一阵欢呼。望着他们所有人，普拉桑特也傻傻地乐了。桑达拉试图将整个家庭的画面摄入自己的内心深处。当下次出国旅行想念他们时，他就有所慰藉了。

12 – 受聘于皇室

当桑达拉的父亲在死前预言儿子会有一个成功的人生时，他可能没有预见到艾扬格现在能够与王公贵族为伴。

比利时王后巴伐利亚的伊丽莎白（Elisabeth of Bavaria）是阿尔贝国王的妻子。伊丽莎白有着丰富多彩的人生，虽然具有德国血统，但是却深受比利时人民的爱戴。第一次世界大战发生时，她在前线建立了一个护理站，并亲自担任护士，照顾血肉模糊的士兵，在他们遭受痛苦折磨的时候伸出援手。

这显然不是王后的工作，她的这种行为给国民留下了很深的印象，从此以后，他们就深深地爱戴着她。她的丈夫阿尔贝国王在第一次世界大战结束几年后死于一次登山事故。

在第二次世界大战中，她利用自己作为王后的影响力，阻止了成千上万的儿童被驱逐到德国，使他们免于死亡。作为盟军的坚定支持者，她把自己的宫殿赠送给英国军队，二战爆发后，英国军队将其作为总部。

她的儿子极力劝阻她不要去俄罗斯，但她是个意志坚强的女人，不畏人言，在 20 世纪 50 年代，她去了波兰、中国和俄罗斯。一些人称她为"红色王后"。她是第一个访问克里姆林宫的欧洲皇室成员。

作为音乐和艺术的狂热爱好者，她一直是著名音乐家的赞助人。当时在音乐界最杰出的人物是耶胡迪·梅纽因。成为像梅纽因这样的国际名流的瑜伽老师，为艾扬格打开了许多方便之门。其中一扇门就通向比利时王后的宫殿。

他们第一次见面时，艾扬格对她说："我不能在当你的老师同时，还叫你殿下……请殿下做三角式（Trikonasana），请殿下做武士式（Virabhadrasana）。"

王后说："那就叫我伊丽莎白吧。"

瑜伽士说："不，我叫你夫人。"

这就是他给予每个女人的尊重，无论她是否是皇室成员。

在第一次见面时，艾扬格用传统的双手合十礼问候她，她也试着用相同的方式回礼。当王后问他西方握手有什么不妥的时候，他告诉她，握手是一种自我主义的问候方式，而合十则表达了谦逊的品质——我身上的神性向你身上的神性致敬。

艾扬格能感受到她在思考。"好吧，"她说，"我们两种方法都采纳吧。"作为东西方之间的一种妥协，他们互相问候时会行合十礼，也会握手。即使艾扬格是一位杰出的瑜伽大师，王后都不会让他的信仰左右自己。

也许正是出于同样的坚定品质，王后在 1956 年要求艾扬格教她头倒立式（Shirshasana），那一年她 85 岁。

艾扬格不习惯让学生支配自己的教学内容。很明显，他有点紧张。这不仅是一个"王室脑袋"，而且这个脑袋从未经过任何瑜伽训练。他有点惶恐，要求看她的健康报告，以确定她是否可以倒立。

"你对瑜伽有信心吗？"王后反诘道。艾扬格告诉她，正是因为对瑜伽的信仰，使他在过去的 30 年里一直在练习和教授瑜伽。

"先生，如果你对瑜伽有信心，你为什么要医学报告？我可能患有一些疾病。你能教我倒立吗？"她急切地问。"如果你害怕教我倒立，你可以乘最早一班开往格斯塔德的火车，回到你的朋友梅纽因那里去，是他向我推荐你的。"她说出这些话的态度，大概就像当年断然拒绝儿子劝阻她访问俄罗斯时一样坚定。艾扬格意识到这个勇敢的老妇人不会容忍任何反抗。他把脚摆成经典的三角式用来支撑她，然后慢慢地给她精确的指导。王后把双手和头放在适当的位置，然后小心翼翼地依次抬起双腿。85 岁的王后做出了完美的头倒立式！

然而，几秒钟后，当继续支撑着她的时候，艾扬格感觉到她的整个身体垮下来了。尊贵的王后在倒立的时候失去了知觉。艾扬格继续支撑她，直到她恢复意识。

这件事发生之后，艾扬格告诉王后，她因为高血压失去了意识，在接下来的几天里，他继续指导她，将她的血压恢复正常。在掌握了头倒立式之后，艾扬格嘱咐皇宫的园丁在他缺席的时候协助王后做这个体式。

两周后，心脏病专家被召进皇宫。经过测试，王后的血压和脉搏都完全正常。这位医生很高兴，觉得自己所开的药方对王后起了很好的效果。但是王后给医生浇了一盆凉水，告诉他，自己已经一个星期没有吃他开的药了，但是一直在接受一位印度医生的治疗。医生很好奇，要求见艾扬格。艾扬格来了之后，医生问他在用的什么治疗方法。艾扬格说自己是一名瑜伽练习者，王后插话说："他给我开了一些瑜伽药丸，让我状态好转。"

多年来，因为通过瑜伽服务他人，艾扬格收到了不计其数的牌匾、银盘、披肩和奖章。但王后送给他一件最珍贵的礼物——一尊由她本人亲自制作的艾扬格青铜半身像。这尊艾扬格的铜像后来被摆放在艾扬格家的院子里，它像一个永远的哨兵，让人想起1956年王后和艾扬格的那次会面。

1965年，艾扬格在格斯塔德教学的时候，接到伊丽莎白王后的电话。她刚刚中风，需要艾扬格的帮助。艾扬格立即飞到那里，采取了一些补救措施。几天后，她又能拿起叉子自己吃饭了。"这很好，但有点笨拙。"她冷冷地说。

当艾扬格准备离开时，她抬起右脸颊，命令道："吻我。"然后她转向另一面的脸颊说："另一面。"瑜伽士亲吻她时，感觉到她脸上的湿润，泪水顺着她的面颊滚落下来。他知道这是他们最后一次相见。伊丽莎白王后用皇家的方式向她的瑜伽古鲁告别。随后她于 1965 年 11 月 23 日去世。

1959 年 7 月 11 日

孟买

诺埃尔·佩雷斯（Noelle Perez）抵达孟买时，首先感受到的是空气中的异味。孟买的本色气味让人想起潮湿、腐烂的垃圾，其中又混合着强烈的、长期无人打扫的公共厕所的气味，再加上漂浮着的海洋的腥味和难闻的汽车尾气味。

艾扬格在孟买的瑜伽课正在进行之中。教室的后面坐着一位年轻迷人的法国女士。她刚刚从法国远道而来，由于气味、炎热、季风和艾扬格火暴性格的综合影响，她的身体日渐消瘦。诺埃尔·佩雷斯心里急躁地想："这些学生比我在欧洲见过的学生聪明得多。""他不能容忍在欧洲那种松松垮垮的教学方式，每个动作都要做好，哪怕是最小的细节。"

瑜伽课后，诺埃尔和同学、老师一起聚餐，亲密交谈。从他们那里，她学会了第一个梵语单词"bhog"（美食）。"先享受瑜伽，再享用美食。"他们这样说，还劝她再尝一种火辣辣的油炸食品。

两天后，诺埃尔坐上了前往浦那的火车。她充满疑虑地看着刚放在托盘上的早餐：这是一个煎蛋卷，上面有红红绿绿的斑点。她决定放弃这种食物。

4个小时后，当火车抵达浦那时，她发现艾扬格亲自在站台上等候。看到这位印度老师穿着衬衫和腰布，耐心地等着她收拾一大堆的行李，她非常感动。艾扬格向她解释说，家里没有其他人会说英语，所以他必须亲自前来。他们为诺埃尔安排了第二天上课的时间，艾扬格把她交给了她的朋友弘吉夫人照顾。

第二天，她在去艾扬格家的路上迷路了。艾扬格派儿子普拉桑特去接她。普拉桑特沉默寡言，默默地护送她，把她交给父亲——她的瑜伽老师。"他是个古怪的孩子。"谈到他唯一的儿子时，艾扬格说，"除了他母亲和姐姐妹妹，他不跟别的女人说话。"艾扬格告诉诺埃尔，当妻子怀上普拉桑特时，他在梦中获得圣雄甘地的祝福。第二天，他告诉妻子拉玛，他们将会有一个男孩。他曾预言这个孩子将会成为一位性格沉静的哲学家，并给他起了普拉桑特这个名字。艾扬格告诉诺埃尔，有一次，他们以为这个小孩子死了。艾扬格抱着小普拉桑特的"尸体"前往火葬场，一直在祈祷。当他们到达火葬场时，普拉桑特的双眼开始颤动。几分钟后，他苏醒过来。现在，普拉桑特又长大了几岁，他站在房间的角落里，睁大着他那双黑色的眼睛认真地听大家谈话。当古鲁把诺埃尔的右膝推向地板，让她做出侧胎儿肩倒立式（Parshva Pindasana）时，她心里还在想着这个不同寻常的男孩。

几天后，诺埃尔写信给她在法国的父母："他是一个了不起的老师，但开始的时候，他的教学风格非常严厉……当他在调整你的右膝时，也能知道你刚刚放松了左脚大拇指的一小块肌肉……他有意识地对我要求很严格……但他是想把我训练成瑜伽老师。他是在竭尽全力，通过我间接地帮助所有的法国人。到目前为止，他确实是我遇到的最有激情的老师。"

当艾扬格知道她的住处后，建议她换一个旅店。他说："你来这里是为了学习，不能生病。"

诺艾尔在练习瑜伽时穿了一件条纹两件式比基尼。那一年在巴黎很流行这样的比基尼。艾扬格全家人甚至都没有见过自己家人处于这样的裸露状态。只有年幼的萨维塔无法抑制年少的好奇心，从诺埃尔后面爬过去，当她练习时，不断触碰她。诺艾尔以为这是古鲁的手在对她进行纠正，所以一直在努力改进自己的体式，直到最后，她再也无法坚持下去了。艾扬格咯咯地笑出声来。萨维塔一直在摸她，想知道诺埃尔的皮肤和印度人的皮肤有没有什么不同。

诺埃尔感到自己身处一个温暖的家庭中。每次她走进艾扬格的家门，萨维塔都会宣布她的到来："那个像房子那么大的女孩回来了。"吉塔青春年少，身体柔软，她和诺埃尔一起练习瑜伽。拉玛做的食物令她十分难忘。女孩子们把她的头发扎成整齐的辫子。她修长的身材裹着拉玛的纱丽。艾扬格一边认真地教她瑜伽，一边与她说话。他向诺埃尔介绍印度教哲学、基督教哲学、瑜伽和他早期的生活。古鲁慷慨传授的知识让她精神焕发。

"他并没有去扮演一个完美无缺、无可挑剔的老师形象。正因为如此，他离我们很近，我们可以紧随其后。他是主神的化身。"带着对古鲁的满心热爱，诺埃尔在信中对母亲如此写道。

几个月后，诺埃尔从孟买准备启程飞回法国。艾扬格站在回浦那的车站入口处，向孟买的学生挥手告别。然后他看着诺埃尔，深情地向她道别。"告诉你母亲，我把你完好无损地归还给她了。"[1]

---

[1] Perez-Christiaens, Noelle, *Sparks of Divinity: The Teachings of B.K.S. Iyengar*, Berkeley: Rodmell Press, 1976

13 -《瑜伽之光》的诞生

巴卓·塔拉普瑞瓦拉戴着厚厚的眼镜，留着格劳乔·马克斯（Groucho Marx）式的胡子，他在古鲁吉的生活中无处不在。一天，梅赫拉突然急不可耐地冲进教室，告诉大家印度一家知名出版社想出版一本关于瑜伽的书，应该让巴卓·塔拉普瑞瓦拉去和塔拉普瑞瓦拉出版社的老板迦尔·塔拉普瑞瓦拉见个面。可能大家觉得，因为他们姓氏相同，所以能产生某种神奇的效果。人们让艾扬格把他的相册也带过去，这些照片在关键时刻依然能够发挥作用。出版商看到这些照片后很高兴，但在场的所有人都认为这些照片缺少注释，普通人需要更具体的指导才能做出最终的体式。大家决定让巴卓选择三个站立的体式，分别介绍它们的名称和相关的历史或故事，最后列出练习这些体式的好处。

巴卓用最简洁、朴实的语言来完成任务，并提交给出版社审批。巴卓的法律写作背景让他对完成这样的任务游刃有余。因为接受了古鲁吉这么多年的训练，他也能知道老师想说的话。他不苟言笑的性格和出色的语言能力让他能够用最简洁的语言表达出核心的内容。

与此同时，古鲁吉来到浦那的维灵工作室（Weling Studio），拍摄了一系列黑白照片，以展示体式练习中的每一个步骤。这是非常辛苦的工作，往往要经过多次重拍，所以需要极大的耐心和对细节的专注。艾扬格的孩子们常常会陪着父亲参加这些没完没了的拍摄，他们坐在旁边观看，当镜头出现阴影的时候就告诉他。

除此之外，现在，在孟买和浦那之间3个小时的火车旅途中，古鲁吉需要写下每个体式的注释。随后，巴卓参考这些注释，将它们用更规范的英语改写出来。另一位老学生玛塔·瓦腾博格也发挥了自己的作用。她是二战期间从匈牙利移民过来的犹太人，已经把孟买当成了自己的家。和巴卓一样，她也参与了编辑工作。

就在他们努力编写这本书的时候，孟买的出版商觉得这本书的插图太多，就打了退堂鼓。但是，这三个人认为，既然已经为这本书投入了如此多的精力，不管怎么样，他们还是要坚持完成它。

古鲁吉从他的私人藏书中拿出几本书作为参考资料，其中包括《哈达瑜伽之光》（*Hatha Yoga Pradipika*）、《葛兰达本集》（*Gherunda Samhita*）和《湿婆本集》（*Siva Samhita*），以及《薄伽梵歌》《奥义书》和帕坦伽利的《瑜伽经》等经典著作。此外，巴卓还添上了自己的藏书，其中最珍贵的是阿派特（Apte）的《梵英词典》和他自己参加一位不知名的大师所举办的《瑜伽经》讲座时手写的笔记。

正因为有了这些资料的帮助，他们后来创作了一本畅销世界几十年的瑜伽书籍。

每个周六晚上下课后，这三个人都会在巴卓位于肯普斯角（Kemps Corne）的公寓里相聚。他们喝着一杯又一杯的咖啡，吃着巴卓妻子塞茹（Sheru）准备的成堆零食，对书中的每一个体式进行认真的推敲。

巴卓的三个孩子在他们周围玩耍，他们全神贯注地工作，完全不被孩子们的嬉闹尖叫声所干扰。有时，他们从街角一家不起眼的店铺里买来热气腾腾的旁遮普三角炸饺（Punjabi samosa）补充能量，这是古鲁吉的最爱。他们也会停下来稍事休息，阅读和审校巴卓当天精心敲打出来的书稿。他们经常会在某个特定的单词或短语的使用上争执不休，而巴卓是一个非常讲究措辞的人，他不会放过任何一个不妥帖的用词。玛塔会冲上热咖啡，试着安抚每个人的情绪，她通常会说服巴卓让古鲁吉拥有最后的发言权，毕竟，这是他的书。

这本书的最后关于调息的部分是在浦那完成的。拉玛麻利地准备好她最擅长的南印度美食，用来犒劳大家。这一次他们要赶在最后期限之前完工，所以，巴卓要先花 15 天时间向古鲁提出严苛的问题，然后才开始写作。巴卓将此章的撰写与毗耶娑（Ved Vyaasa）和象头神（Ganapathi）的故事相类比。当初，梵天找到毗耶娑，让他创作《摩诃婆罗多》，毗耶娑意识到这是一项艰巨的任务，无法独自完成，于是请求帮助，梵天就派象头神去帮他书写。象头神同意承担这项任务，但提出了一个条件，他必须连续不断地书写。如果毗耶娑在口述的时候有中断，他就会离开。毗耶娑惴惴不安，他不知道自己是否能跟得上象头神的书写速度，所以提出了自己的附加条件。他说，如果象头神不明白他口述的内容，就不能书写下来。每当他感觉到象头神追上了自己的速度时，毗耶娑就会诵出一句难以理解的诗节，迫使他减慢速度。巴卓用现代的方式阐释这个故事，作为誊写员，他需要全部理解之后才能落笔书写。

有一年，艾扬格前往欧洲教学，他也带上了他们正在讨论的书稿。音乐家安吉拉·马里斯（Angela Marris）和比特丽斯·哈坦（Beatrice Harthan）曾与梅纽因同台演奏，艾扬格在瑞士教瑜伽时，她们曾经去上过课。这两位女士是非常亲密的朋友，她们一辈子都住在伦敦的同一套小公寓里。

艾扬格送给安吉拉和比特丽斯一份在印度精心准备

的书稿，并告诉她们被出版商拒绝的故事。由于英国出版商只接受特定格式的书稿，安吉拉和比特丽斯开始重新录入原稿。在这个过程中，她们发现欧洲打字机的配置不同，新打出来的书稿到处是错误。于是两人决定把书稿带回英国，用她们习惯的打字机打出来。

这两位女士不仅是日程繁忙的音乐家，而且热衷于东方灵修，这一点从她们喜欢艾扬格的瑜伽课就可以看出。比特丽斯包里装着书稿，从机场下飞机后，她就直接去参加佛教协会的会议。命运安排她坐在老朋友杰拉尔德·约克（Gerald Yorke）旁边，后者后来成为乔治·艾伦 & 安文出版公司（George Allen & Unwin）的编辑。比特丽斯向他提到，自己刚刚从欧洲参加完一次非常有意义的瑜伽课，约克告诉她，他的公司一直想出一本新的瑜伽书，用来取代由竞争对手骑士出版公司（Rider & Company）出版的西奥斯·巴纳德（Theos Barnard）所著的畅销书《哈他瑜伽》。

真可谓"踏破铁鞋无觅处，得来全不费工夫"。比特丽斯拿出艾扬格的书稿，里面满是黑白照片，每个体式旁都写着简洁的文字注释，约克兴奋地翻看着。

"这就是我一直在等的书。"他大声嚷着，其他与会者向他投来鄙视的目光。

这听起来像是媚俗电影里的老套剧情，不像是现实中发生的故事，但事情的确就这样发生了。现代最受欢迎的瑜伽书籍《瑜伽之光》就是这样诞生的。

当艾扬格在1963年和约克相会时，约克直截了当地对他说："你是非常好的老师，但同时也是非常糟糕的作者。"约克告诉艾扬格，这本书需要进行大量的编辑。他的诚实和专业精神给艾扬格留下了深刻的印象。从那时起，他视约克为他的"文学导师"，并对约克提出的任何建议都持开放的态度。

巴卓是这样描写约克的："他简洁清晰的表达能力是不可思议的，通过一些删减和修正……这本书的质量得到了很大的改善。"

当然，约克也对市场规律有着敏锐的嗅觉，他要求删去对传统经典的深奥注释。他想要的是清爽的风格，不想通过卖弄学问搞砸这本书。如果人们想了解古典著作，他们会阅读译本，没有必要在这本书里重复这些信息。

然后，他要求将《序论》部分重写，删掉不必要的内容，精简必要的内容。这三个人又开始在孟买工作了。书稿再次寄给约克，他仍然不满意，艾扬格、巴卓和玛塔又得重新工作。不知道消耗了多少咖啡、三明治和三角炸饺，最后的《序论》终于获得了约克的认可。

当这本书的照片准备就绪后，艾扬格把它们拿给克里希那玛查亚看。古鲁用批判的眼光看完后，说："所有的体式都是错误的。"

艾扬格说："请告诉我错在哪里，我想纠正它们。"

"全部是错的。"

在世间多年来的历练给了艾扬格足够的信心，他觉得自己可以不顾古鲁的反对勇往直前。

1965 年，当《瑜伽之光》定稿时，艾扬格请他的古鲁为这本书写序，但克里希那玛查亚以他惯常的方式断然拒绝了。

当艾扬格撰写关于调息法时，他的古鲁曾警告他，如果他喜欢，他可以谈论调息，但不要撰写关于这种高深修法的任何文字。但是艾扬格已经向他的出版商做出了承诺，所以，写作继续进行下去了。在往返孟买的德干女王号列车上，艾扬格会花时间把他的想法写下来。接下来的一周里，在与巴卓以及新的合作者玛都·提卓瑞瓦拉的讨论中，这些内容将被润色成文。

后来，当艾扬格开始着手撰写《调息之光》（*Light on Pranayama*）时，有更多的人参与进来。像过去一样，这群瑜伽老师坐在一起，讨论如何增删文字，有没有更好的表达方式。此时，玛塔·瓦腾博格已经去世了，所以提卓瑞瓦拉劝巴卓遵从艾扬格的意愿，不要再咬文嚼字。

完稿之后，桑达拉把它送到克里希那玛查亚那里。

他的古鲁接受了这本书，让桑达拉第二天下午 4 点再来。桑达拉这次不敢再让他作序。当艾扬格再次过去时，他问古鲁是否阅读了这本书。"是的，我已经读过了。你可以把它拿走。"桑达拉渴望得到古鲁的认可，他问："你觉得这本书怎么样？"

"我在里面写了。"古鲁说。桑达拉很高兴地接受了古鲁的祝福，并将之作为他第二本书的序言。

14 – 浦那拥抱艾扬格

直到 20 世纪 60 年代，艾扬格的家乡浦那才意识到自己拥有的这颗宝石。继孟买和世界声称艾扬格属于自己之后，浦那拥抱了艾扬格。

吉米·达斯图（Jimmy Dastoor）是来自浦那的帕西人，像许多帕西人一样，他拥有一种奇特怪诞的幽默感。他在东街开了一家摄影商店，名叫"瓦曼和达斯图摄影店"（Vaman and Dastoor Photo Store）。艾扬格经常去他店里买胶卷，但吉米不知道他的名字。

吉米的背部有问题，并且日益严重。浦那最好的医生都束手无策。最后，浦那一位受人尊敬的莫迪医生告诉他，只有一个人能够治疗他的背，这个人就是在浦那某处教瑜伽的艾扬格。后来，他的几个朋友也建议他去找艾扬格。他们试图找到艾扬格的地址或电话号码，但都没有成功。他们不知道如何找到传说中的艾扬格。

吉米的背部疼得越来越厉害，孩子们在床边的地板上玩耍，他都会抱怨。即使是这种轻微的震动也会使他的脊椎感到刺痛。他只能卧病在床，用海绵擦拭身体，躺在床上吃饭。

吉米的妻子库莉（Collie）发现他们的朋友普敦吉斯（Pudumjees）正在跟艾扬格学习瑜伽。她最后才知道，当他们在浦那到处寻找艾扬格的时候，实际上，多年来艾扬格一直在光顾他们的商店。

在与艾扬格见面之前，库莉心里忐忑不安。她听说艾扬格脾气火暴，怕自己不小心惹怒了他。但是，在第一次见面时，艾扬格就打消了她所有的担忧。艾扬格是甜美的化身。他告诉库莉，他在浦那还没有开常规课程。不过，如果她能成功招收到8名学生，他完全愿意开一个瑜伽班。每个月的学费是25卢比，而私人课程的费用是60卢比。

库莉成功地说服6个人报了艾扬格的瑜伽课程。他们在位于修院街（Convent Street）的古吉拉特格利扬学校（Gujarathi Kalyan Shaala）找到一个礼堂做教室。上课前半小时，艾扬格会骑着他的兰博丽塔（Lambretta）摩托车，载着拉玛和萨维塔来到教室。几分钟后，艾扬格其他几个大一点的孩子就会骑着自行车疾驰而入，和家人相聚。为了多赚点钱，这个学校经常把礼堂租出去给人举行婚礼和聚会。在这种情况下，艾扬格就不得不临时通知学生，让他们仓促地转移到其他地方上课。艾扬格会骑着摩托车，朝着学生家的方向行驶，在中途截住他们，告诉他们新的上课地点。

在古鲁吉的帮助下，吉米重新站了起来。然而，病情好转之后，吉米就不再参加课程了，第一批学生中有4个人也不再来了。库莉·达斯图是早期学生中唯一坚持下去的。对于库莉来说，真可谓因祸得福！因为对她而言，这是一段珍贵的时光。她始终认为这是她一生中最难忘的时光。古鲁吉、拉玛和所有的孩子们都会和她一起来上课，他们一起做练习。

有一年，古鲁吉去了欧洲，在此之前，浦那瑜伽课一直是稀稀落落没几个人参加。当时，浦那的报纸刊登了一篇文章，介绍了比利时的王后和耶胡迪·梅纽因都参加了艾扬格的瑜伽课。当古鲁吉那年回到浦那时，他的瑜伽课堂已经拥挤得没有立足之地了。

学生们腋下夹着棉毯去上课。库莉会随身带着一根绳子，她将绳子绑在通风窗上，这样，古鲁吉就能让一些学生在课堂上借助绳子的帮助做体式。教室里没有椅子，没有长木凳，没有小矮凳，也没有垫枕。古鲁吉甚至会将讲堂里的舞台作为学生练习时的辅具。人们常常可以看到学生们吊在舞台的边缘，或借助窗台的支撑来做后屈的动作。

当时，18岁的吉塔·艾扬格已经出落得十分标致，她穿着一件白色纱丽，除了手腕上戴着一块薄薄的手表之外，她的身上没有任何珠宝。这时吉塔已经开始在课堂上做父亲的助手了。在吉塔小的时候，艾扬格一家曾带她去见了一位占星师。令艾扬格夫妇感到吃惊的是，占星师告诉他们，这个孩子将来要么成为恶棍，要么成为圣人。吉塔自己似乎已经做出了选择。

在浦那的瑜伽班上，年幼的女孩子由古鲁吉的第二个孩子瓦妮塔照看。古鲁吉开玩笑地称这些女孩子为女象神（Gaja Lakshmis）或"嬉皮士"（hippies），因为她们中的许多人都超重，臀部（hips）很大。就像艾扬格瑜伽班的所有孩子一样，她们需要不断地做后弯和反转轮式的动作。古鲁吉认为不应该给小孩子教冥想和调息法，当被问到应该给小孩子教哪种瑜伽和冥想时，他经常说："应该教他们玩耍。"

库莉的女儿纳瓦兹（Navaz）和妹妹一起去上瑜伽课，但妹妹上完一节调息课就没有再去，再也没有参加过。由于经常感冒并且患有鼻窦炎，这两个孩子总是用嘴呼吸。这在调息练习中是不允许的。当古鲁吉有一次发现妹妹通过嘴巴进行调息练习时，便打了她的嘴。由于受到身体和情感上的双重伤害，她再也没有回来上课。

但是不知何故，纳瓦兹并没有被古鲁的言行吓倒。即使在今天，她对瑜伽的热爱和对古鲁的感激之情依然有增无减。

纳瓦兹还记得，每次放学后，她就会直接去上瑜伽课。那时候，她常常开心地找到一个角落，以头倒立的姿势睡觉。当古鲁吉注意到她的所作所为后，决定教一种让她终生难忘的头倒立式。艾扬格让她靠着一扇中间有木柱的窗户做这个体式。更糟的是，木柱的上半部分钉了一些生锈的钉子。之前那种舒适得足以让她入睡的体式现在被换成了需要保持完全的觉知和专注的体式。稍不注意，她的双脚就可能落到窗外去，或者被那些生锈的铁钉扎到，让她受苦。

学校礼堂的地板是用凹凸不平的马赛克碎片镶嵌而成的。他们在练习的时候，地板会在他们的四肢上留下痛苦的印记，所以毯子成为他们的必备之物。学生们通常是沿着房间的两侧，面对面排成两排进行头倒立式的练习。古鲁吉会若无其事地走在两排学生之间，调整他们的身体，让他们保持平衡，然后恶作剧似的，飞快地推了某人一下，让这个可怜的学生摇摇欲坠地晃动起来。学生摔在地板上发出的响声和体重成正比，古鲁吉则咧开嘴笑起来。他告诉学生们，这是在教他们如何控制自己的身体和摔倒的方式。学生们不确定古鲁吉的这种做法能够在多大程度上帮助他们控制身体。但是，古鲁吉的这种行为产生的直接后果就是，在他们做体式的时候，如果看到古鲁吉走过来，他们都非常警惕。

若干年后，调息课被安排为每周四在"知识学堂"

（Vidya Bhavan）进行。来自浦那的天主教神父安东尼·洛博（Antony Lobo）也是这个瑜伽班的一员。对艾扬格过去的许多学生来说，这个瑜伽教室离家很远，需要换乘两趟公共汽车，这段旅程让他们感觉像是去郊游。

调息课紧张、严肃、苛刻。下课后，在月光皎洁的夜晚，参加课程的另一个帕西家庭——德赛一家，会做出一大锅蔬菜香饭（biryani），让同学们在皎洁的月光下享用，师生们共享这温暖的情谊。和古鲁吉在一起，总是有很多温和的玩笑，每个人都会受到这样或者那样的嘲弄。

古鲁吉有一种传统的做媒基因，有时候，这种基因会活跃起来——特别是当他觉得某些单身学生已经到了结婚的年龄时。某次，在这样的香饭聚餐会上，他使出浑身解数，想把一个名叫"佩西·波查"（Pesi Pocha）的帕西单身汉和德赛家的一个女儿配对。虽然这次做媒的尝试无功而返，但是后来，古鲁吉通过扮演丘比特的角色，撮合过许多对学生结为夫妇。在 20 世纪 80 年代和 90 年代，他的学生潘杜（Pandu）、比乔（Birjoo）和梵克（Faeq）都娶了古鲁吉为他们挑选的女孩。

15 - 体验新生活

　　和大多数印度人一样，艾扬格也喜欢朝圣。他多次前往蒂鲁帕蒂（Tirupathi）和印度的其他圣地。如今，他每年都去欧洲旅行，他的西方学生建议他去见教皇。这个建议让艾扬格非常兴奋，但获得许可却是一件旷日持久的事情。

　　艾扬格与浦那主教进行了初步接触，浦那主教取笑他一点也不像瑜伽士，因为他没有蓬乱的头发，也没有胡子、橘色长袍、念珠和水罐（kamandalu）。当他发现艾扬格骑摩托车时，他对瑜伽士先入为主的观念破灭得更彻底了。浦那主教是一个热情友好的人，他很高兴地给艾扬格写了一封个人推荐信。"你一定要戴一套假发，戴个假胡子。"他一边把信递给艾扬格，一边开着玩笑说。

　　主教的信是这样开头的：

　　我在此向您介绍我们这个时代最伟大的艺人，一位印度瑜伽士……

随后，他请求教皇能接见艾扬格，并断言教皇将会"对他和他的技艺产生兴趣"。

艾扬格被告知与教皇会面的日期。由于沟通失误，艾扬格把日期弄错了，他不得不请求另一次会面。1966年7月18日，他收到一封电报，通知他将于7月20日或27日与教皇会面。

会见的日期最终确定为7月27日。他被阿尔贝托·斯卡拉维利（Alberto Scaravelli）用一辆快要散架的汽车载着，动身前往梵蒂冈。罗马混乱的交通状况让他们感到非常惊讶，他们最终抵达了教皇的夏宫冈道尔夫堡（Castle Gandalfo）。出于高度的安全考虑，教廷让他们前后辗转了多个地方，最后才让他们停车。在走向大门之前，他们匆忙喝了杯咖啡。当他们到达指定地点时，因为受到邀请的只有艾扬格一个人，所以阿尔贝托无法入内，他不得不在自助餐厅里等候。

艾扬格独自走进一个装饰华丽的大厅，有200人在那里等候。艾扬格倒吸了一口气：他原以为是个私人会见。虽然在那里等候的都是来自世界各地的人，但艾扬格是唯一的一位印度人，他穿着腰布和衬衫，戴着披肩，看上去相当气派。

教皇每一次只召见几个人。当轮到艾扬格时，看到教皇穿着飘逸的黄色长袍，头上戴着一顶白色的帽子，他激动得打了一个哆嗦。虽然被罗马天主教堂富丽堂皇的装饰包围，但教皇的举止朴实无华，这足以打动艾扬格。教皇紧紧地握住艾扬格的手，祝福他。当艾扬格问是否可以为他表演瑜伽时，教皇婉言谢绝了。他说自己看过艾扬格的书，而且很喜欢，但没有时间看他表演。艾扬格把他带来的礼物——萨杜·瓦斯瓦尼（Sadhu Vaswani）的灵性文学作品和一根檀香手杖送给了教皇。作为回礼，教皇送给了他一枚铜牌，上面有教皇的头像和日期。然后，他握住艾扬格的手，再次祝福他的瑜伽事业。艾扬格又问是否可以为他表演，教皇还是拒绝了。艾扬格在志愿仪仗队的护送下离开了梵蒂冈，这样的仪仗队是专为国家元首和教皇特别来宾准备的。

拜会了"天主在世间所拣选的代表"并接受他的祝福让艾扬格非常感动。他认为这是他一生中最特别的时刻。

第一次请求表演的时候，他被教皇拒绝了，但是，艾扬格并没有放弃，他随后做了第二次请求。这就是艾扬格的特质——他从不畏惧被人拒绝。对他来说，这与"自我"无关。大家都说他是一个很自我的人，在有些场合，他却表现出孩童般的无我。他这样做是为了促进瑜伽事业的发展，但他并不会让自己堕落到卑躬屈膝的地步。他对此抱着儿童游戏般的态度。几处擦伤和瘀伤并不会让他丧气，他能够全神贯注于游戏。他会用脏兮兮的拳头擦干滴血的手肘或膝盖，然后继续前行……

美国印象

艾扬格对美国的第一印象并不完全是正面的。当他前往美国时，美国正处于民权运动的阵痛之中。艾扬格像往常一样，迈着轻快而自信的步伐，正想大步走下飞机，工作人员拦住了他。"请等白人乘客先下飞机。"他们态度坚决地对他说。艾扬格踏进了一个不平等的世界。

1956 年，《生活》杂志在柯达胶卷广告和德基人造黄油广告之间，刊发了一篇题为《社会的新转变》（A New Twist for Society）的文章，这篇文章以艾扬格第一次访问美国为主题。这本杂志之所以刊发这篇引人注目的文章，是因为艾扬格当时正在给标准石油公司的女继承人丽贝卡·哈克尼斯（Rebekah Harkness）教授瑜伽。她是梅纽因的朋友，自认为是音乐爱好者，也是一位有价值的作曲家。因为梅纽因从瑜伽中受益，她现在也想要了解瑜伽课程的好处。

在这篇文章所附的照片上，艾扬格做出了令人惊叹的蝎子式（Vrishchikasana）。他稳稳地在一堵只有一英尺半宽的墙上做出这个体式，墙的一侧是紧邻海滨的峭壁，旁边摆着安静的丘比特石像，它对艾扬格精彩的体式表演视而不见。

还有一些其他的照片——艾扬格和哈克尼斯一家集体在做背部伸展式（Paschimottanasana）；另一张里，哈克尼斯的儿子在做肩倒立式时失败了，刚刚倒下来，艾扬格似乎将要去打他；在第三张照片里，哈克尼斯慷慨地为她的邻居们组织一次免费的瑜伽课程。艾扬格觉得这些穿着紧身短裤的女士们对瑜伽并没有真正的兴趣。他确信，这些女士之所以受到吸引前来练习瑜伽，是因为被《生活》杂志拍摄之后，她们的照片就能够流传后世。尽管如此，艾扬格还是尽量引导她们做出各种体式。

这篇文章讲述了在练习瑜伽后，丽贝卡和孩子们感到更加放松和快乐，也介绍了丽贝卡的个人计划——去印度浦那跟艾扬格学习一年。

尽管照片展现出他们全家完美的体式，也引起了极大的反响，但是这一家的生活并不是很如意。除了与有钱人联姻之外，丽贝卡还因一些非常有争议的行为而闻名。当其他美国人在大萧条的影响下过着紧巴巴的生活时，丽贝卡却因使用顶级香槟（Dom Perignon）清理泳池而名噪一时。她还曾经在妹妹的初次社交舞会上往潘趣酒（punch）里添加石蜡油。还有一次，她因多项恶劣行为——对别人喊粗话，向一群演奏美国国歌的无辜菲律宾人扔餐盘，以及为了冒犯其他乘客的感情而裸泳——

被强行护送离开游轮。据说她曾在装满苏格兰威士忌的鱼缸里装满了金鱼，还把她的猫染成了绿色。1954年，当她的丈夫威廉去世时，她重新装修了罗德岛的家，安装了8个厨房和21个浴室。据报道，当她的女儿几次尝试自杀但最终没有成功时，她说："她应该怎样才能自杀成功呢？有什么时髦的方法吗？"她的儿子认为监狱生活是他一生中最快乐的时光之一。

在跟艾扬格学习了6个星期的瑜伽后，丽贝卡声称自己是一名瑜伽士。"你看，钱可以买到任何东西。"这句话让她声名远扬。

在那套拥有21间浴室的房子里，艾扬格和他们一起住了6个星期。虽然艾扬格住在她家的时候，丽贝卡表现得很好，但他可能也感觉到她生活中自我放纵、颓废和享乐主义的特点。艾扬格说："我看到美国人对财富、女人和酒这三样东西很感兴趣。看到他们的生活方式与印度人的生活方式如此冲突，我感到非常震惊。我再三考虑，决定返回印度。"有了这样的访问经历，艾扬格宣布这是他最后一次访问美国。

与此同时，他开始厌倦了混迹富人和权贵阶层的生活。他内心深处渴望与普通人交往。也许那套有21间浴室的房子是让他发生转变的最后一根稻草！

瑜伽让人们走到一起

第二次世界大战后，当世界其他地方对种族歧视及其可能的后果表示厌恶时，南非却将种族隔离制度化。1948年，南非国家党以种族主义和种族隔离为纲领赢得了全国大选。在法律的保护下，种族隔离造成了人与人之间残酷和强制性的分离。当人们不服从时，国家机器就会对他们施加压力，镇压一切反抗。

当时政府将各种族进行人为的隔离，许多地区被宣布为白人地区，在这些地区，黑人和印度人不允许拥有地产。南非政府当时致力于消除白人地区的"黑点"，将有色人种居民从他们的家园和土地上转移到城外的欠发达地区。除此之外，有色人种也没有投票权。

梅纽因的犹太血统使他对任何形式的歧视都非常敏感。战争期间，他为美国和英国军队举办了500场免费音乐会。希特勒一上台，梅纽因就拒绝了柏林爱乐乐团的所有邀请。战争结束后，他立即为刚刚从贝尔根-贝尔森（Bergen-Belsen）和巴多威克（Bardowiek）两个集中营获释的战俘分别举办了一场音乐会。

梅纽因于1950年访问南非，纳粹屠杀犹太人的恐怖罪行已经让他受到伤害，因此任何形式的不宽容和不公正都让他痛苦不堪。在当时的南非，黑人不能观看他的演出，所以他为他们举办了一场特别的演出。因为他给黑人演出，他的推广代理商威胁要起诉他，梅纽因说，如果遭到起诉，他将在伦敦媒体上广泛宣传这件事，他的代理商立即做出了让步。

那时印度人是不允许访问南非的。梅纽因强烈反对任何歧视，他给自己参与的南非国际艺术青年联盟写了一封措辞强硬的信，建议邀请艾扬格。梅纽因威胁说，如果他们不邀请艾扬格，他就要退出该联盟。"我不能一边接受一个种族的特权，一边又允许将其他种族排除在外。"他写道。

各种报纸用铺天盖地的文章报道了梅纽因和艾扬格反对种族隔离所做的斗争，赞扬了他们的勇气。直到1979年，艾扬格才踏上了南非的土地。

但是南非人却不愿等那么久。20世纪60年代，斯瓦米·文卡特萨南达（Swami Venkatesananda，斯瓦米·悉瓦南达的弟子）、乔伊斯·斯图尔特（Joyce Stuart，一位南非瑜伽老师）和其他几个在伦敦上过艾扬格瑜伽课的学生邀请艾扬格去南非。当他们的努力受到挫败后，他们安排艾扬格在中立的毛里求斯教授南非人。第一次课有11位来自南非的学生，后来，这个数字逐年增加。

毛里求斯在当时还是一个未开发的岛屿，大多数生活必需品必须用船运过去。据乔伊斯·斯图尔特说，开始的时候，他们"在酒店的休息室、海滩、混凝土房屋的平顶，甚至是一个旧网球场上上课"。[①]

在瑜伽课上，艾扬格让这批学生尝到了他火爆的脾气，也让他们了解到他对瑜伽的激情，因为当时缺少常规的辅具，"在瑜伽激情的驱动下，一堆饼干罐……连酒店的沙发也被拆了，这真是对酒店经理忍耐力的极大考验！"

乔伊斯·伦斯伯格（Joyce Rensburg）是第一个瑜伽工作坊的参与者，她以前从未跟任何老师学过瑜伽。她心怀忐忑，把瑜伽垫放在大厅后面，这样就不会引起别人的注意。当乔伊斯努力按照艾扬格的指导练习时，她听到艾扬格有力的脚步向她走来。

"你的老师是谁？"他用雷鸣般的声音问道。

"先生，除了看你的书之外，我没有任何老师。"乔伊斯低声说，心里充满了恐惧。

乔伊斯屏住呼吸，等待着艾扬格的爆发。

但是，艾扬格点头表示赞许："是的！一本好书胜过一个糟糕的老师。"

为了对她在没有老师指导的情况下自学几个月的行为做出补偿，艾扬格说："你去教室前面，在我的眼皮底下练习。"在这些早期学生中，有许多人后来建立了自己

---

① http://www.bksiyengar.co.za/history.aspx

的艾扬格学院。与世界上其他大多数地方一样，艾扬格现在在南非也有很多忠实的粉丝。

此时此刻在家里的拉玛玛妮

1961 年 7 月 12 日

拉玛坐在门廊上，给年幼的萨维塔梳头，唱着她最喜欢的作曲家普兰达拉·达萨（Purandhara Dasa）的歌……

Narayana, ninna naamada smaraneya,

Sara amruthavenna naligeege barali.

啊，那罗延天，对你名字的思念，

如同甘露，请让它滴落在我的舌尖。

背景是普拉桑特练习小提琴的声音。新鲜米饭和辣木素辣粉的香味飘进了客厅，吉塔正在那里帮助苏琪塔写关于查特拉帕蒂·希瓦吉（Chatrapati Shivaji）的马拉地语论文。去国外教瑜伽成了艾扬格每年的例行公事。

苏妮塔和瓦妮塔跑进屋来，衣服都湿透了，辫子上滴着水。她们的鞋子踩在拉玛一尘不染的地板上，发出了吱吱的声音，并且在地板上留下浑浊的棕色水印。

瓦妮塔说："到处都在涨水。他们已经不让车辆进城了。"

"到处都是警察，妈妈。他们叫我们赶快回家。迦瓦瑞学院（Garware College）一楼被水淹没了。"苏妮塔紧接着说。

吉塔走到墨菲牌半导体收音机前，试图收听新闻。开始的时候，无线电波发出刺刺啦啦的声音。随后，阿里·阿巴尔·坎（Ali Akbar Khan）弹奏的沙乐琴（sarod）传出的甜美声音充满了整个房间。外面的雨声就像从远处传来的鼓点。

拉玛为萨维塔编好辫子，并系上蝴蝶结，然后说："普拉桑特，到邻居家去打听打听，问问发生了什么事情，然后马上回来。"

普拉桑特回来后，告诉大家军队已被调派过来。邻居们都带着贵重物品待在阳台上，期待洪水不要淹没阳台。

拉玛领着孩子们上楼。将孩子们安顿在安全、干燥的地方后，她又下楼了。

畔瑟大坝（Panshet Dam）在建成之前，就已经开始出现各种问题。尽管有更好的方案，浦那市政当局还是试图在 1961 年的雨季时把它蓄满水。大坝逐渐出现裂缝，如果决堤，浦那将面临被洪水淹没的危险，因此，军队被调派过来控制局势。军方士兵在大坝上堆上成千上万的沙袋，但溃堤还是不可避免，只不过延缓了几个小时而已。洪水没有在深更半夜突袭，淹没熟睡的浦那人，而是一直等到白天人们准备好了的时候才到来。

从畔瑟大坝涌出的无法控制的洪水，冲垮了卡达瓦斯拉的小水坝。尽管一些人得到了警告，开始离开家园，搬到地势较高的地方，但人们并没有获得明确的洪水警报。

洪水完全淹没了低洼的地区，并且进入了佩斯旧区（old Peths）和德干体育馆地区。除了外滩花园大桥，其他所有桥梁都被淹没了。畔瑟大坝的蓄水量足够浦那城使用一年。数小时内，这些水都涌进这座城市。最糟糕的是由此带来的一片混乱。电力和水供应被完全切断，电话也打不通，只有各种未经证实的消息满天飞。

拉玛急忙下楼，四处翻找。孩子们很害怕。他们想让妈妈回来。"妈妈！"他们悲伤地呼喊。

几分钟后，她回来了。她小心翼翼地抱着《瑜伽之光》的书稿。这是她丈夫迄今为止在这个世界上所做工作的结晶，她不能让它受到任何损毁。相比之下，珠宝、金钱和其他物质财富都不重要。这份书稿的重要性仅次于她的孩子们。

任凭畔瑟大坝的水位如何涨跌，艾扬格的家园毫发无损。有了处事冷静的拉玛，在任何洪水中，艾扬格的书稿都可以幸存下来。

当拉玛来到浦那时，她一句本地的马拉地语都不会说。艾扬格可以依靠蹩脚的英语与人交流，拉玛对英语也一窍不通。但在短短几年的时间里，她就可以辅导孩子们完成学业，无论是数学还是马拉地语。我们很难讲清楚她是如何学会这些的，但吉塔记得她的母亲不仅在上学时向她解释马拉地语诗歌，还可以用马拉地语读小说。

吉塔说，她母亲在浦那的头几年就慢慢能听懂马拉地语，但她根本不会说。吉塔出生后，当她从图姆库尔回来时，就突然开始流利地交谈，并且没有犯大多数南印度人在说天城系语言时所犯的典型性别错误。与英语一样，大多数达罗毗荼语对于事物没有性别的区分，因此对于非母语人士，性别的区分是一个障碍。艾扬格经常努力在讲话的时候正确区分性别，但拉玛天生就会。

虽然拉玛来自印度南部的一个传统小镇，但她从不对来访的西方人和他们的穿着进行评判。她鼓励吉塔和女孩们在练习瑜伽时穿短裤，这样行动就更灵活。

浦那瑜伽短裤诞生于拉玛和她的朋友丹·帕尔契瓦拉之手。她们当时想设计出一套瑜伽服装，以适合印度文化和印度气候下的女性。因此，她们设计了浦那瑜伽短裤，这种短裤本质上是短灯笼裤，裤腿上有一条松紧带，可以防止它回缩。

虽然拉玛从来没有参加过瑜伽课，但她经常前来帮忙，特别是在调息课上。库莉·达斯图回忆起"阿妈"（Amma，浦那的学生们这样称拉玛）时，说拉玛在调息课时为她调整脊椎，让她挺直后背，用蹩脚但是清晰的英语指导她。

拉玛非常喜欢音乐，她也把这个爱好灌输给她的孩子们。普拉桑特练习小提琴，女孩们学习舞蹈和音乐。拉玛从不强迫孩子们做任何事，她不像大多数印度母亲那样坚持让女儿们学习做饭，但是她们都潜移默化地学会了做饭。拉玛过去常常遭受偏头痛之苦，这让她后来失去行动能力，即使是她丈夫的瑜伽也不能减轻她的痛苦。在这些日子里，女孩子们自然地承担起了家务。

古鲁吉早年非常担心普拉桑特，因为他除了小提琴外，似乎没有任何爱好。古鲁吉会以丹为榜样，说："看，她对孩子们有多严格，她的几个孩子多有出息。"他暗示拉玛应该对普拉桑特更严格一些。但是拉玛并不关心别人是如何抚养孩子的。她给孩子们无条件的爱，让他们自己去探索。她知道，他们必将走向正轨。

吉塔年轻时患过肾炎，有一次昏迷了好几天，病情非常严重。实际上古鲁吉开始觉得自己承担不起无底洞式的医疗开支。当吉塔从昏迷中醒来时，艾扬格告诉医生，他想带吉塔回家。当时的主治医生是格兰特（Grant），他拒绝了艾扬格的要求。他说，如果古鲁吉想把女儿带回家，风险自负。古鲁吉和拉玛都觉得他们愿意承担这个风险。

吉塔被带回家，接受了严格的瑜伽训练。她停止了所有的药物，尽管如此，她的病情一天天好转。几个月后，当他们带她去医生那里做常规检查时，医生发现她好多了，并告诉他们应该让吉塔继续服药。实际上，吉塔并没有吃药，只不过是遵照父亲的建议练习瑜伽而已。

每次艾扬格从国外旅行回来的时候，拉玛就会前往蒂鲁帕蒂，并拜访克里希那玛查亚，他在瑜伽学堂关闭后搬到了马德拉斯。拉玛觉得这个家庭的一切都应归功于克里希那玛查亚。

克里希那玛查亚曾三次住在艾扬格的家中——1962年两次，1978年一次。尽管他脾气暴躁，拉玛却从不害怕他。她知道如何应对他的每一个需求，总是确保在他开口之前就准备好了一切。

拉玛玛妮并不只是对古鲁这样体贴。比库拜（Bhikubai）是艾扬格家的佣人，她有 6 个孩子。这些孩子都称呼拉玛为"妈妈"（Aai，母亲）。即使在艾扬格一家困顿的时候，拉玛也会煮上足够多的食物，这样两家人都能够吃上饭。比库拜的孩子们还记得，每到周四，艾扬格的练习量变得比较大的时候，拉玛都要给大家准备酸奶饭和罗望子米饭，以及一种特别的腰果和杏仁糖果。即使在练习强度不大的时候，他们也能一起分享糖果。

比库拜的儿子图卡拉姆（Tukaram）还记得艾扬格家中发生的一起失窃事件。有一次，艾扬格家装食物的银器不见了。他们的"妈妈"拒绝报警。拉玛知道如果报警，比库拜的家人必然会受到怀疑。拉玛完全信任他们，宁愿失去自己的财产也不愿让比库拜遭受被警察讯问的羞辱。后来警察上门问他们家有没有失窃，并要求拉玛辨认被盗的物品。原来警察抓住了那个偷银器的小偷，小偷自己承认偷了艾扬格家的银器。拉玛的信任得到了回报。

16 - 贝鲁男孩在英国

对西方世界来说，20 世纪 60 年代充满希望，也充满忧伤，是不断抗争的十年。人民为争取基本权利而斗争——公民权、人权、环境权和就业权，也在为争取性取向的权利而斗争——同性恋仍然是非法的，可能被判入狱；女性也在为自己的权利而战——堕胎仍然被视为犯罪。

半个世纪以来，世界经历了两次大战。大众已经清楚地了解到战争的荒谬。美国对越南人民发动的血腥战争激起了一片反对的浪潮。人们担心核战争一触即发。人们知道，只要克里姆林宫或五角大楼的某些人没控制好自己的脾气，核战争的按钮就会被按下，这意味着世界末日的到来。在南非，人民正在反对种族隔离制度。民权运动虽然最终会让世界变得更加美好，但在当时，它也让各个城市成为潜在的火药桶。消费主义思想达到了顶峰。那个时代的标志性人物约翰·F. 肯尼迪和马丁·路德·金都被刺杀了。1966 年，《时代》杂志封面文章的

标题是《上帝死了吗?》。这篇文章介绍了成为嬉皮士的准则:

"做自己的事情,随心所欲。脱离体制。离开你所熟悉的环境。彻底地离开。让你遇到的所有人都感到惊叹。激发热情,要么激发对毒品的热情,要么激发对美丽、爱、诚实和快乐的热情。"

——提莫西·李瑞(Timothy Leary)

艾扬格在孟买机场,准备飞往欧洲

从左到右:苏克坦卡、丹·帕利亚、弗仁尼·帕利亚、巴卓·塔拉普瑞瓦拉、拉玛玛妮、玛都·提卓瑞瓦拉、艾扬格、丹·帕尔契瓦拉、宙扎博士、塞拉·宙扎、米诺·卓伊、内莉。前排孩子:戴安娜·玛哈拉希米瓦

拉、拉尔夫·宙扎、阿迪尔·帕尔契瓦拉、贾汗基尔·帕尔契瓦拉、费洛泽·帕尔契瓦拉

西方开始质疑自己的价值体系，并向东方寻求指导。瑜伽老师斯瓦米·萨奇达南达（Swami Satchidananda）作为伍德斯托克音乐节的开幕演讲人，鼓励50万名观众"用我们所有的行动和艺术来表达瑜伽"。

披头士发现了玛哈里希·玛哈什·优济（Maharishi Mahesh Yogi）和拉维·香卡（Ravi Shankar）。乔治·哈里森（George Harrison）开始学习演奏西塔琴，并将坦布拉琴（一种类似曼陀林的弦乐器）融入主流音乐中。列侬1967年创作的歌曲《穿越宇宙》（Across the universe）的歌词是：

话语涌出，像无尽的雨水进入纸杯。雨水跌跌撞撞，纷纷划过天际。忧伤如潭水，喜悦如波浪，从我心头漂泊穿过。它们占据并抚慰我。我向古鲁和天神致敬，唵。

这首歌的灵感来自他们的超觉冥想体验。

受到灵性导师美赫巴巴（Meher Baba）的影响，"何许人乐队"（The Who）的彼得·汤森（Pete Townshend）不仅戒了毒，还根据他的灵性体验写了许多歌曲。"何许人乐队"的专辑《汤米》（Tommy）里的歌曲《弹球奇才》（Pinball wizard）讲的是一个"又聋又哑又瞎的孩子"，"弹

球弹得非常棒"，这首歌的创作据说是基于美赫巴巴多年来的止语修行。

有句美国原住民名言象征着那个时代的精神："宗教是为那些害怕下地狱的人准备的；灵性是为那些已经去过地狱的人准备的。"

《时代》杂志说："解决上帝问题的新方法可能（还有其他可能性）会导致出现一个更现实、更抽象的'上帝'概念。"

饱受摧残的一代人准备接受东方的教导。

席尔瓦·梅塔（Silva Mehta）是来自捷克斯洛伐克的移民，二战期间，她来到英国，嫁给了一个印度人。因此，在20世纪50年代的时候，她住在孟买。大约在那个时候，她因一次事故导致脊椎受伤。

成为梅纽因的瑜伽老师给艾扬格带来了很大的名气。因此，一个朋友向席尔瓦推荐艾扬格的瑜伽课。艾扬格原本要在1957年11月于孟买举行的世界素食大会上做示范讲座。这两次，席尔瓦都没有去见艾扬格。对于嫁到古吉拉特邦的捷克人席尔瓦来说，练习瑜伽似乎太过出格，不值得冒险。

当她的脊柱问题发展成骨关节炎时，医生们断定她将终身坐在轮椅上。另一个方案是通过手术融合几节椎骨，这同样让她觉得恐怖。席尔瓦感到很害怕，她求助于一位熟悉的自然疗法医生，医生告诉她，唯一能够治愈她的人就是艾扬格。

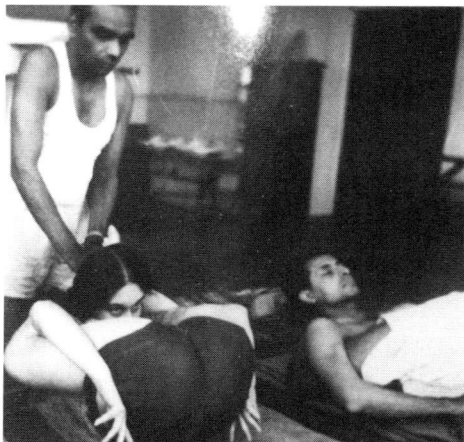

艾扬格通过瑜伽睡眠式（Yoganidrasana）给席尔瓦·梅塔调整。他们的左边是贝拉姆·帕尔契瓦拉

3周后，她就参加了艾扬格的瑜伽课，并和艾扬格的犹太学生玛塔·瓦腾博格在孟买一起上额外的私人课程。席尔瓦原以为她可以在几周内学会她所需要的一切，但这是不可能的。尽管后来和丈夫离婚，并移居到伦敦，但她一生都坚持练习艾扬格瑜伽，她从没坐过轮椅。在一两年的时间里，她学会了一些她觉得超出自己原有能力的体式，即使在脊椎受伤之前，她也没想到能够做出这些体式。最终席尔瓦成为艾扬格在欧洲最杰出的教师之一。

　　虽然自 1954 年以来，艾扬格已经在英格兰和格斯塔德教授梅纽因和克里希那穆提，但这个瑜伽学习的圈子仅仅局限于欧洲最好的音乐家和一些克里希那穆提的追随者。1960 年，艾扬格在伦敦海格特举行了一次精彩的示范表演，让现场 200 名观众如醉如痴。这次表演的成功促使时任伦敦亚洲音乐同好会主席的梅纽因在录音研究所安排了另一次示范表演。1961 年 6 月 16 日，英国《每日邮报》（*Daily Mail*）刊登了一篇文章，介绍了做倒立的梅纽因和"印度最杰出的瑜伽老师"艾扬格。

　　第二天，亚洲音乐同好会总监阿亚那·安迦迪（Ayana Angadi）发布了一则广告，声称将特别挑选一群普通人，由艾扬格指导练习瑜伽。参加这门课的有三名女性：安吉拉·马里斯，她已经跟艾扬格在瑞士上过课；席尔瓦·梅塔，最近在印度和艾扬格一起学习；戴安娜·克利夫顿（Diana Clifton），她之前是参照某本书练习瑜伽。到了练习倒立的时候，因为安吉拉和席尔瓦已经和艾扬格学习过，知道怎么做。戴安娜只是从书本上了解过，所以，她问艾扬格是否能靠着墙做。艾扬格说："我比墙更好——我有胳膊。"戴安娜刚获得平衡，艾扬格就离开她，让她一个人留在房子中间，戴安娜平生第一次在没有支撑的情况下做出了头倒立式。

当亚洲音乐同好会决定举办常规瑜伽班，让更多的会员受益时，比特丽斯·哈坦和几个音乐家也参加了上午的课程，而参加晚上课程的有安吉拉·席尔瓦、戴安娜、帕特西亚·安迦迪（Patricia Angadi）、艾琳·穆恩（Eileen Moon）和达芙妮·皮克（Daphne Pick）。他们中的许多人后来成为欧洲艾扬格瑜伽运动的先锋。

和艾扬格的许多女学生一样，戴安娜也频繁地与她的瑜伽老师通信。当无法面对面上课的时候，戴安娜就写信把她的练习进展通过照片的形式寄给他。只要收到学生的信，艾扬格必定会回复，有一次他回复道：

"我看了所有的照片，并在照片背后写了评语。总的来说，你已经取得了很大的进步。对于你丈夫来说，站立和扭转的体式都很好……希望瑜伽班的那些学员一切顺利（艾扬格，1962）。"

当艾扬格第二年回到英国时，他真的开始引起公众的注意了。那一年，BBC拍摄了一部名为《耶胡迪·梅纽因和他的古鲁》的纪录片，这部纪录片在1963年8月21日播出时引起了轰动。这部由大卫·爱登堡（David Attenborough）解说的、时长30分钟的影片让这位来自贝鲁的男孩首次登上了世界舞台。

纪录片播出后，有许多人要求上课。除了定期进行示范表演，艾扬格开始在印度以外的地方举办他的第一堂公众课程。在他回印度之前，学习瑜伽的人数已经激增，艾扬格不得不指导那些才跟他学习两三年的女士，让她们学会一对一的瑜伽教学。

这些早期跟艾扬格学习的人还负责为他筹集资金，让他每年都能回到英国。从最初的 3 个人的班级发展到后来的 700 人的大班。最后，艾扬格不必再依赖富有的赞助人，他已经将教学目标转向中产阶级人群，他实现了自己的梦想——他已经获得了普通人的青睐。

或者说，只是获得女性的青睐？虽然瑜伽课程对男女都开放，但是参加瑜伽课的女性占绝对的优势。每个瑜伽班至少有 70%～90% 的女性。因为瑜伽课改善了她们的身心平衡状态，所以许多女性成为回头客。

但是，这就是女性占多数的原因吗？1963 年，贝蒂·弗里丹（Betty Friedan）的著作《女性的奥秘》（*The Feminine Mystique*）问世，并连续 6 周登上《纽约时报》畅销书排行榜。随着第二次女权主义浪潮的兴起，这本书引起了人们对普通家庭主妇幸福指数的关注。尽管这本书因为种族主义和阶级偏见在今天受到了很多抨击，但不可否认的是，在当时，它帮助人们重新思考贬低女性的传统做法。

一位瑜伽老师在她的众多学生（主要是家庭主妇）中做了一项调查。她发现，她们常见的抱怨就是"生活单调、缺乏认可、莫名的痛苦和心身症状"，她将之称为"家庭主妇综合征"。现在有许多女性渴望发展出一种超越家庭束缚的兴趣，以获得某种程度的地位和经济上的独立。

瑜伽似乎能让她们改善身心健康状况，更有效地面对这个世界，同时也是一个潜在的收入来源。最重要的是，这个职业具有很大的灵活性，她们仍然可以扮演贤妻良母的角色。瑜伽教学给了女性自由和自主权，让她们最终掌控自己的生活。看来，这正是艾扬格从这场新女权主义革命中获益的最佳时机。

不出所料，20世纪60年代，英国成人教育体系对瑜伽老师有着大量的需求。

艾扬格当时真正的竞争对手可能只有优吉尼·苏妮塔（Yogini Sunita）。① 这位女瑜伽士原名伯纳黛特·博卡罗（Bernadette Bocarro），出生于孟买的班德拉（Bandra）。有趣的是，她把自己描述成一个信奉天主教的婆罗门。16岁时，为了避免家里的包办婚姻，她从孟买逃出来，进了修道院。过了几年，修女们对物质生活严苛的要求和与世隔绝的艰苦生活让她感到幻灭，她回到了父母家。有一次在海边散步的时候，她遇到了她的古鲁那拉斯瓦

① http://www.academia.edu/9574981/The_Institutionalization_of_the_Yoga_Tradition_
Gurus_B.K.S._Iyengar_and_Yogini_Sunita_in_Britain

米（Narainswamy）。根据她的说法，这位大师完全可以用调息法治愈麻风病和肺结核。按照古鲁的教导进行练习，她感到自己回归到平静和自信的状态，这样，在嫁给罗伊登·卡布拉尔（Roydon Cabral）并移居英国之后，她觉得自己所受到的瑜伽训练足够让她从事瑜伽教学工作。

于是，她穿上土黄色纱丽，戴着长长的银耳环出席新闻发布会，坐在地板上发表演讲。英裔印度人伯纳黛特·卡布拉尔已然成功转型，成为身着纱丽的调息老师优吉尼·苏妮塔。

她深受欢迎的练习是在 1961 年 BBC 广播采访中提到的"片刻的放下"（slip second）。这是一种对心的训练，练习时，让脑海里浮现出所有需要关注的人和事。然后，练习者用一秒钟的时间放下所有这些执着和担忧。

优吉尼·苏妮塔告诉人们，调息瑜伽是一种生活方式，一种把注意力完全专注在当下、不忧虑过去或未来的生活方式。1978 年，38 岁的优吉尼在步行穿过马路时不慎被汽车撞死。当时，内伦敦教育管理局（ILEA）已经开设了优吉尼·苏妮塔的调息课程。

1966 年《瑜伽之光》出版，并被人们公认为"瑜伽圣经"，艾扬格瑜伽成为内伦敦教育管理局主要课程的有力竞争者，该教育管理局负责统筹政府资助性课程，其中包括汽车维修、蛋糕制作等课程。

内伦敦教育管理局体育教育总督察彼得·麦金托什（Peter McIntosh）是一个思想开明又有远见的人，他决心把瑜伽引入英国的体育课程。艾扬格在印度一直努力奋斗的目标现在却被异国他乡的一个外国人帮他实现了。

内伦敦教育管理局希望确保瑜伽教学以一种安全的方式制度化，并且要聘用一位合格且有能力的老师。尽管麦金托什四处网罗瑜伽师资人才，但那些自称是瑜伽老师的人都让他感到失望。在一次与梅纽因的妹妹赫普兹芭·豪泽（Hepzibah Hauzer）偶然见面的时候，他发现了艾扬格先生。

随后，麦金托什安排了几次与艾扬格的会面，讨论了聘请可靠且有能力的瑜伽老师来授课的事情。最后，麦金托什找到了中意的人选，内伦敦教育管理局终于可以培养出一批可靠的瑜伽教师。1969 年，内伦敦教育管理局宣布："由公认的瑜伽权威著作《瑜伽之光》的作者 B.K.S. 艾扬格培训的瑜伽老师将有资格在内伦敦从事由公共基金支持的瑜伽教学工作。"这种来自政府机构的认可，使艾扬格瑜伽充满了官方的色彩，从而获得了人们的信任。

艾扬格做了一个非常简短的陈述。官方明确要求他只能从体育层面教授瑜伽，要避免讨论宗教或灵性内容。艾扬格强调他会确保安全，避免对学生造成身体上的伤害。

因此，艾扬格早期课程的重点是如何让学生做出基本的体式。以下是 1974 年伦敦某个瑜伽班学生的笔记，里面只有一些解剖学上的指导，内容是如何做出完美的战士一式（Warrior I）——转向肾脏方向。手臂内侧保持挺直。从尾骨处伸展双臂并举起。

当人们指责艾扬格过于专注身体方面而忽略了其他方面时，他说："不使用宗教词汇也可以让人们改善生活。冥想有两种类型——主动型和被动型。我利用了它的主动层面，让学生完全通过专注于姿势完成冥想。"

艾扬格以其非凡的个人魅力和丰富的肢体语言指导英国学生。他炼狱般严格的瑜伽训练似乎改变了学生们冷漠、消极的态度。

虽然对艾扬格严厉的态度不满，但他们还是成群结队地来上课。学生们并没有被他带着浓重口音的英语和火暴脾气吓跑，反而被他的人格魅力、他渊博的瑜伽知识、他的机智、他双眼闪耀的激情和他给每一节课注入的幽默所吸引。

艾扬格早期的学生卡琳·斯蒂芬（Karin Stephan）讲述了一则关于伦敦瑜伽班的有趣故事。[①]

---

① http://www.yogamacro.com/karin_profile/ks_writings/memories/nmemories.htm

艾扬格当时在教一位六七十岁的英国女学生如何借助椅子的支撑做出肩倒立式。因为没有毯子做护垫，椅子的金属边缘会把身体硌疼。但对艾扬格来说，要么不做，做就要完全做好。当艾扬格试图让她挺直腰板时，她不断地提高嗓门埋怨。

最后，她大叫起来："艾扬格先生，艾扬格先生，你这是在谋杀我！你这是在谋杀我！"

瑜伽士俯下身来，最后一次调整她的姿势，冷冷地说："没关系。先做好这个姿势，再去死！这样你就可以上天堂了！"

瑜伽老师应该首先得到体育教育高级督察的批准。由于艾扬格每年只去伦敦一次，瑜伽老师们在其他时间就跟着席尔瓦·梅塔上课，艾扬格每年访问英国的时候，就去教室观摩，并且对他们进行认证。虽然开始的时候，他们没有固定的教学大纲，但几年之后，艾扬格建立了三个不同难度的等级。

艾扬格一年一度的访问是让人忐忑不安又激励人心的事件，参与者常常发现自己被古鲁制定的高标准所击垮。当艾扬格向学生们大发雷霆时，大厅里经常出现戏剧性的场面，挨训的学员情绪沮丧，眼泪汪汪。

"我不是在打你。"他会说，"我是在唤醒你内心沉睡的智慧。"通过给某位学员猝不及防的一击，艾扬格能够让他有所警醒，而且还能让周围的学员重新抖擞起来。可能正是在这段时间，艾扬格姓名的首写字母"BKS"代表的不再是"贝鲁·克里希那玛查·桑达拉拉贾·艾扬格"（Bellur Krishnamachar Sundararaja Iyengar），而是"击·踢·扇·艾扬格"（Beat Kick Slap Iyengar）。但对于艾扬格来说，他需要在短短几天时间里教他们一年的课程。

"他非常恐怖。"一位美国学生在谈到艾扬格和伦敦的瑜伽课程时说，"人们对他的做法感到震惊——对学生大喊大叫，把他们打得团团转。但他真的是很投入地在教学。他绝对是个天才。如果我有钱，我现在还会在英国跟他一起学习。"

在晚年的十多年里，古鲁吉一直被指控虐待他人，他曾在印度一档脱口秀节目上接受知名主持人普兰诺伊·罗伊（Prannoy Roy）的提问，其中就涉及他喜欢对学生动手的问题。他回答说："亲～爱～的～朋～友，"他像往常一样一字一顿地讲出这5个字，"我已经练习了70年的瑜伽。如果有人犯了错误，我的手很自然地就会伸过去。"

他的法国学生诺埃尔·佩雷斯·克莉丝汀在著作《神圣的火花》（*Sparks of Divinity*）中记录了一段颇具艾扬格风格的率真故事，据说他在某次瑜伽课上直言不讳地说："不要坐得离墙太近，我可能会踢你。"他踢学生——当然达不到身体虐待的程度，只是一种让人觉知和成长的方式。

伊恩·杰克逊（Ian Jackson）是一名练习瑜伽的跑步选手，也是《瑜伽与运动员》（*Yoga and the Athlete*）一书的作者。"挨打看起来很恐怖。实际上并不严重，但是会留下难忘的印象。如果没有挨打……我可能不会有这样的进步。"

艾扬格在实践中，通过身体和他的体式练习建立了自己的人生哲学。英国瑜伽班的另一名学生对艾扬格如下的话印象颇深："纪律的尽头就是自由的开始。只有严于律己的人才是自由的人。所谓的'自由'只不过是我们在得到许可的情况下，按照意愿行事。"

因此，让人感到毫不意外的是，许多教师报告说，因为参加了艾扬格的瑜伽课程，他们发生了显著的个人转变。虽然艾扬格坚持自己的承诺，不在课堂上介绍哲学和灵性，但他的学生们说："他潜移默化地转变了我们的心灵状态，然后让我们将注意力放到已经改变了的心灵状态上。"

在后来的几年里，内伦敦教育管理局试图建立一种制度，在这种制度下，申请成为教师的人应该在合格的瑜伽老师指导下接受至少两年的瑜伽训练。虽然艾扬格本人并没有参与教师遴选的过程，但他参与了教学大纲和评估标准的制定。艾扬格瑜伽现在已经成为英国成人教育体系中不可分割的一部分。就像他们用印度烤鸡块（chicken tikka）取代他们的国菜一样，英国人以同样的热情接受了瑜伽！

英国后来的许多瑜伽老师都是内伦敦教育管理局早期培养出来的。八十多岁的克拉拉·巴克（Clara Buck）经常去拜访艾扬格，她是个讨人喜欢的女人，年轻时是个模特，她的头像曾经印在阿华田（Ovaltine）罐装盒上。在二战时的法国抵抗运动中，她不惧危险，担任戴高乐的翻译。她很晚才发现艾扬格瑜伽。"1972年，我60岁，在英格兰东南部务农。有一天，一位邻居来拜访我，问我是否愿意和她一起去苏塞克斯郡的黑斯廷斯——离我们最近的一个小镇——那里有一位没多少经验的瑜伽老师需要'小白鼠'。① 我说为了摆脱农场一阵子，我愿意去任何地方，因为我一直在没日没夜地工作。我一直很累，那天尤其累。经过一小时艰难的练习，我感到精神焕发，于是决定对瑜伽做进一步的考察。我报名参加了一个成人教学班，虽然每次要花1个小时去那里，但我从来没有错过一节课。一年半后，我卖掉了我的农场，去印度拜访我的古鲁艾扬格先生。5年后，他鼓励我开

---

① http://www.academia.edu/638080/A_Social_History_of_Yoga_and_Ayurveda_in_Britain_1950-1995

始瑜伽教学。现在，我 70 岁了，我的这份职业让我比 20 岁时感觉更年轻。"克拉拉 65 岁开始教瑜伽，不久就在伦敦市中心开设了私人的艾扬格瑜伽午间课程，每周两节课，每月收费 10 英镑。

像克拉拉这样的女性，正是艾扬格在欧洲的宣传大使。

17 - 蓬勃发展的瑜伽事业

与此同时，古鲁吉在孟买和浦那的瑜伽班数量正在与日俱增。除了巴卓、丹、山姆和弗仁尼这些老教师之外，现在，玛都·提卓瑞瓦拉也开始带班。玛都是古吉拉特的一名律师，他放弃了每天的羽毛球练习，开始狂热地练习瑜伽。他很快成为艾扬格生活中不可或缺的一部分。

更年轻的、至少还要过十来年才成为老师的有：贾瓦哈尔·班格拉（Jawahar Bangera）、阿迪尔和贾汗基尔·帕尔契瓦拉、莫提瓦拉姐妹（Anahita、Tina 和 Diana）以及库莉·达斯图的女儿纳瓦兹。

玛都·提卓瑞瓦拉在帮助艾扬格获得"拉玛玛妮·艾扬格瑜伽纪念中心"土地的过程中发挥了重要作用，他后来还创立了"瑜伽之光基金会"（Light on Yoga Trust）。

早期的老师和学生经常和艾扬格一起出城，前往马泰兰（Matheran）和玛哈巴雷斯瓦（Mahabaleshwar）等地进行瑜伽之旅。艾扬格不喜欢炎热的天气，所以通常和这些早期的学生一起，设法在 5 月份离开城里。

艾扬格和他孟买的学生在玛哈巴雷斯瓦

在一次旅行中，当学生们在山里徒步时，他们到达了凯特角（Kate Point），那里设有路障阻止了人们继续深入。古鲁吉跨过路障，和贾瓦哈尔、比乔一起，往远处的悬崖上爬去。古鲁吉并不满足于此。在悬崖上面，是一块只有两英尺见方的突出岩石。这块石头非常小，他们三个人已经爬上斜坡，贾瓦哈尔和比乔在较低的地方停留，岩石上几乎没有足够的地方容纳古鲁吉了，他只能站着。艾扬格完全没有注意到学生们从下面发出的喘息和警告声，慢慢地走上前，做出头倒立式。因为空间太小，他没有办法按照传统做法先倒退一步，只能先把双脚放在双肘旁边，然后优雅地做出头倒立式，他身边几百英尺高的悬崖下是参差的岩石。在做这个体式的时候，他的腰布水平飞起，足见当时刮着多大的风。然后，当学生们惊恐地看着他时，他继续做其他的体式。

在对面的悬崖上，一个学生正在拍照，那个"牵着一只狗的美国学生"对古鲁吉大喊："如果你掉下去，你只会失去生命，而我们将失去老师。"

他的学生们记得，多年以后，玛哈巴雷斯瓦的凯特角立了一块牌子，上面写着："艾扬格曾经做过头倒立的地方。"

在玛哈巴雷斯瓦的悬崖边，艾扬格若无其事地进行体式练习

当他们回到浦那时，目睹了这场惊人表演的阿迪尔·帕尔契瓦拉问他："古鲁吉，你是怎么做到的？在那么狭窄的空间，你怎么能够保持这样完美的平衡状态？"爱打哑谜的艾扬格对他做出如下神秘的回答："已知。未知。"阿迪尔将其解释为："专注于你所知道的，未知就

不会打扰你。"

20 世纪 70 年代，巴卓和提卓瑞瓦拉与艾扬格一起前往克什米尔的阿马尔纳特（Amarnath）。巴卓的女儿苏诺·塔拉普瑞瓦拉记得他们像兴奋的少年一样打包准备这次旅行。吉百利公司（Cadbury）刚刚推出了五星巧克力棒，这是一款充满黏稠焦糖的巧克力棒。他们买了一大盒五星巧克力棒来支撑这段行程。当他们回来的时候，他们都发誓绝不再买五星巧克力棒了。

艾扬格和他孟买的学生在玛哈巴雷斯瓦

前排（从左到右）：拉提·温瓦拉、木匠佩林、几个西方学生、山姆·玛哈拉希米瓦拉、未知。最长的那一排：丹·帕尔契瓦拉、未知、玛都·提卓瑞瓦拉（站立者）、艾扬格、内吉斯·佩西卡卡、阿那西塔·玛哈拉希米瓦拉

当他们要离开的时候，古鲁吉发现他需要从包里拿点东西。不幸的是，他用一把牢固的不锈钢锁将包锁了起来，钥匙不知道放到哪里了。大家都手足无措，因为剩下的时间不多了。巴卓的儿子伊拉奇拿着母亲的发卡前来救场。大家都嘲笑他，说发卡没什么用。不一会儿，小男孩就把那把牢固的钢锁弄开，放到艾扬格的手上。古鲁吉开怀大笑，这家人立即拿出一把新锁来代替那把坏掉的锁，他们全副武装，准备出发去朝圣。

他们乘飞机到斯利那加（Srinagar），在一艘游艇上待了几天。尽管空间狭小，而且他们是在度假，艾扬格每天仍然会早起练习瑜伽。因此，他的学生们也别无选择，只能在黎明时分睡眼蒙眬地醒来，和他一起练习。

在印度萨瓦那月（Saawan，7～8月）的时候，天空开始下起轻柔的小雨，薄雾笼罩着群山，人们通常在这时候旅行。从离帕哈甘（Pahalgam）16公里的昌丹瓦里（Chandanwari）出发，道路变得越来越陡，最后只能步行或者骑小马方可前进。到达阿玛纳特窟（Amarnath cave）需要步行30公里的陡峭山路，在路的尽头，湿婆神以湿婆林伽（Shivling）雪山的形象向信众展现出来。

在去阿玛纳特的长途跋涉中，其他人带的都是旧鞋子，艾扬格却穿了一双新鞋。还没走1公里，他就发现新鞋非常磨脚。除此之外，玛都记得艾扬格总是将其他人甩开几英里。因为与喜欢的人在一起，对艾扬格来说，这样的长途步行是一件快乐的事情。他也许常常怀着感激之情想起早年在胡布利和达尔瓦的日子，那时为了挣钱吃饭，他每天也要被迫走这么远的路。

艾扬格在玛哈巴雷斯瓦的凯特角做瑜伽体式——你可以从飘起的腰布知道风是多么猛烈！

艾扬格先生回到美国

玛丽·帕尔默（Mary Palmer）比艾扬格大两岁。她出生于1916年，直到51岁才接触瑜伽。当时，她患有抑郁症、鼻塞、膝盖不适以及其他无法用传统药物治愈的不明疼痛。①

她参加了当地"Y瑜伽坊"的课程，两年后，老师

① https://iynaus.org/yoga-samachar/remembering-mary palmer-1916-2011

离开，她应邀担任瑜伽老师。玛丽实际上是一位钢琴家，她曾在密歇根大学学习音乐理论，现在仍与丈夫住在那里。如果在她年轻的时候，别人告诉她，她将来会成为一名瑜伽老师，她肯定会觉得好笑。

1968 年，梅纽因参观了帕尔默夫妇的住宅（现在已经成为著名史迹），该住宅由弗兰克·劳埃德·赖特（Frank Lloyd Wright）建造。设计者从三角形中获得了创造灵感，设计出这栋别具一格的建筑。玛丽是安娜堡音乐协会（Ann Arbor Music Society）的负责人，经常接待来访的音乐家。在这个连浴室和厨房都是三角形的房子里，梅纽因首次对正在教瑜伽的玛丽说："只有跟艾扬格学习过瑜伽，才能彻底了解瑜伽。"

玛丽感到很好奇，因为她目前也在教瑜伽，也很想更好地充实自己，于是她决定前往浦那，跟艾扬格学习瑜伽。毕竟，梅纽因不会随随便便推荐人。

玛丽坐了 24 小时的飞机抵达孟买，然后又坐了 4 小时的汽车来到浦那，最后才见到艾扬格。当时艾扬格一家还住在苏巴纳迦的两居室里。

艾扬格看了她一眼，问她是哪里人，然后不耐烦地告诉她，空间太小，不能接受她。当时，这一家日子还比较艰难——艾扬格在厨房前面的小屋里教学，厨房就是拉玛和 6 个孩子的活动空间。邻居偶尔会把和艾扬格家相邻的地方借给他们上集体课。

由于事先不能通过电话和其他现代化的设备与艾扬格取得联系，许多像玛丽这样的学生来到艾扬格家门口，却被拒之门外。玛丽不是那种轻易言弃的人。连续 3 个星期，她站在旁边，观察他们上课，直到艾扬格的固执被她的坚持所感化。

3 个星期后，艾扬格向她提出一个挑战："好吧，我同意你来上课。但是你先做一个头倒立式，在我让你放下来之前，如果你放下来了，那你就离开，别再回来了。"

玛丽做头倒立的时间从来没有超过两三分钟。艾扬格让她倒立了 15 分钟。玛丽下定决心，一定要跟艾扬格学习，什么也不能让她退缩。与她想从艾扬格身上学习的东西——终身从事瑜伽教学相比，15 分钟的头倒立简直是小菜一碟。

她通过了艾扬格的考试。

这次，玛丽在艾扬格家的前厅一待就是几个小时，她全神贯注地跟随艾扬格学习直到结束。她感到很满足。那只一直把她拉向抑郁的无形黑手消失了，取而代之的是一种莫名的幸福感。就像一扇她从不知晓的无名小窗被人打开，阳光从窗户倾泻而入。

玛丽自己的生活因瑜伽而发生了改变，她学生的生活也因瑜伽发生了改变，这使她相信，自己正在做一件正确的事情。之前与丽贝卡交往的经历让艾扬格对美国人一直抱有负面的看法，因为那些美国人对待艾扬格所珍视的瑜伽态度轻浮、缺乏尊重。正是由于玛丽的勤勉和她在追求自己理想时的认真态度，最终让艾扬格冰冻的心融化。玛丽一有机会就去浦那跟随艾扬格学习瑜伽，她也会去英国旅行，因为艾扬格每年都去那里教学。

1972 年，玛丽·帕尔默的学生琼·怀特（Joan White）在骑马的时候发生意外并且受伤，康复的希望非常渺茫。背部骨折、脊椎严重受伤导致她暂时瘫痪。当她打电话给玛丽，告诉她医生的诊断结果时，玛丽用她那甜美的南方口音缓缓地说："别担心，亲爱的。我将会以此为理由让艾扬格再次访问美国。"玛丽真的做到了。

艾扬格自己也承认，他曾经决定不再去美国，直到后来，"一名学生来到我的家乡，说服我再去"。9 个月后，艾扬格先生被玛丽的诚心所打动，前往安娜堡的"Y 瑜伽坊"，给 40 个人的瑜伽班授课。像往常一样，艾扬格在严苛、强势、关怀和慈爱的不同性格之间自如地切换。

玛丽·帕尔默的女儿玛丽·邓恩（Mary Dunn）参加了第一节课。艾扬格在指导他们做头到膝式（Janushirshasana），玛丽急于让她的女儿在古鲁面前有一个完美的表现，不希望女儿失误惹艾扬格生气。玛丽·帕尔默用夸张的手势和面部表情指导她的女儿该怎么做。她的女儿不想理她的母亲，一心一意地专注于艾扬格的教学内容。玛丽·邓恩意识到，只要她的注意力稍微不集中，艾扬格那双火辣辣的眼睛和有力的手就会立刻奔她而来。所以，她尽量不去理睬她的母亲。艾扬格的背后像是长了眼睛，他很快就察觉到玛丽·帕尔默的意图。

"玛丽，"他斩钉截铁地对这位母亲说，"下课后，她是你的女儿。在课堂上，她是我的女儿。"①

玛丽安·加芬克尔（Marian Garfinkel）第一次见到艾扬格就是在这个瑜伽坊，她还记得自己第一次见到艾扬格时的情景。上课的头天晚上，当他们在帕尔默家非正式会面时，艾扬格问她期待第二天获得怎样的帮助。"我需要你帮助我做头倒立。"她天真地对他说。第二天上午上课前，她走到了他的面前，艾扬格从前台上面跳了下来。

"你想用头做倒立吗？"他凶巴巴地说，"你用脚都站不好。"这就是他对待学生的方式——先打倒，再扶起。对于刚刚受了伤的琼，他则充满了慈爱和关怀。他特别关照她，让她明确无误地知道自己要怎么做，应该避免什么。18年后，美国再次感受到艾扬格人格的光芒。直到她95岁去世时，玛丽·帕尔默一直是艾扬格最忠实的学生之一。

---

① http://iyengarnyc.org/wp-content/uploads/2012/08/Fit_Yoga_ Light_on_Iyengar.pdf

18 - 拉玛活在他的心中

艾扬格的所有孩子都很爱他们的母亲。在所有的孩子中，普拉桑特最像母亲。他处事不惊，能够包容他人，在压力下从容不迫，他的人生态度也具有拉玛玛妮的特征。

桑达拉深爱着妻子，并且完全表现出来。当他从国外回来的时候，丹总是看到他紧紧地拥抱妻子，就像橄榄球运动员在运动场上的擒抱一样用力。丹惊奇地发现，他并没有因为自己的古鲁身份而拘谨，照样公开向妻子展现自己满满的爱意。作为一位贤妻良母，对于丈夫的这份爱，拉玛受之无愧。

桑达拉并没有因为妻子与自己性格不同而抱怨她，相反，他意识到他们之间的不同，并且欣赏这种差异。"她温柔的声音和平静的眼神对我的暴脾气、急性子、果决冲动的性格起到一种很好的平衡作用。"在谈到自己理想中的婚姻关系时，艾扬格说："我们在生活中没有冲突，如同我们两人的灵魂已经合而为一。"

拉玛不仅是爱的化身，还具有超然物外的能力。她一定预料到自己时日无多，家人很快就会失去她。

当大量的外国学生开始来印度学习的时候，拉玛建议不要被动地去租房子，应该拥有自己的教学场所。这个家庭现在富裕多了，有足够的闲钱投资一处房产。

1968 年，艾扬格发现一个地方很适合安顿家人，并且可以充当一个小型瑜伽中心。当他意识到这个地方占地 20000 平方英尺时，他放弃了这个想法，他知道自己永远也买不起这么大的地方。这块土地的所有者戈丁霍（Godinho）曾与一家基督教组织接触，该组织希望在这片土地上建造一家酒店，但戈丁霍当时没有兴趣将其卖给别人用作商业开发。几年后，当戈丁霍再次想卖掉它时，艾扬格的学生格拉（Gera）先生找到了他，格拉当时是浦那一位事业有成的房地产开发商。格拉为艾扬格和戈丁霍安排好见面的时间。见面后，戈丁霍对这位曾经教梅纽因瑜伽的人印象深刻。他很愿意把这块地卖给艾扬格，因为他觉得这是一件善举。艾扬格打算和朋友一起购买，因为他一个人没这么大的经济实力。虽然戈丁霍原本希望卖个好价，但他最后还是让步了，以一个非常优惠的价格卖给了他们。

4 年来，艾扬格一直对这块地念念不忘，经常过去看看。现在，艾扬格终于买下了它，也花光了所有的积蓄，他再也没有在土地上盖房子的钱了。但他们还有梦想。孩子们希望在瑜伽练习馆前面盖房子。拉玛不同意，她坚持瑜伽练习馆建在住宅前面。毕竟，正是瑜伽支撑着这个家庭，让这个家不断走向兴旺。他们的家必须建在瑜伽馆的后面。

1973 年 1 月 25 日，在买下这块土地多年后，他们才举行了动土仪式（Bhumi Poojan），为他们未来的家奠基。动土仪式需要几个小时的祈祷，还要举办奠基宴席。

拉玛因为操劳过度，身体变得非常虚弱。1 月 26 日，她被送往护理院。在护理院里，她的身体似乎有所恢复，感觉比在家时好多了。

那天是 1 月 27 日，星期六。艾扬格每个星期六都要去孟买上瑜伽课。他问拉玛是否应该取消当天的课程。拉玛要求他继续上课，于是他就去了。

当天晚上，苏妮塔和苏琪塔正举办西塔琴演奏会。等到独奏会结束后，拉玛让护理院的人打电话给他们的邻居普拉巴瓦卡先生，让他通知她的孩子。那时候艾扬格家还没有电话。因为当时不能找到任何交通工具，当普拉桑特和吉塔到达的时候已经是深夜了。拉玛立刻打发他们回去，叫他们把家里的灯点上，把其他孩子也叫过来。普拉桑特和吉塔回家点起了灯。他们无法让其他孩子也过去看母亲，因为没有车能把他们送到护理院。

她看见其他孩子都没来，就问为什么其他人没有来，然后她告诉两个最年长的孩子，她将不久于人世。她想让医生把她移到地板上，这样她就能离地球母亲更近一些，但医生不同意。于是，她坐起来，拉着两个孩子的手，为他们祝福，并告诉他们要照顾好这个家。如同她一向宁静的性格，她平静安详地离开了人世。时间是1973 年 1 月 28 日凌晨 4 点。

巴卓·塔拉普瑞瓦拉和玛都·提卓瑞瓦拉一起将这个消息告诉古鲁吉。古鲁吉在当天晚上本来就惴惴不安，当这两人前来敲门时，他已经起床了。他们告诉古鲁吉，他们从普拉桑特那里得到消息，拉玛病得很重。艾扬格告诉他们，他要上完周日的课，然后才能回家。当这两位学生坚持要他立即回家时，古鲁吉知道可能大事不好了。但是他们想要减轻这件事给艾扬格带来的冲击，并没有直接告诉他拉玛的死讯。弗仁尼·莫提瓦拉与他们一起回到浦那。当他们到达浦那时，他们选择先回家，而不是去位于相反方向的护理院。

当古鲁吉问他们为什么不去护理院时，他们才告诉艾扬格拉玛已经去世，并且被送回家了。当他们到家的时候，消息已经传开了，许多学生已经来到他们家进行吊唁。

古鲁吉跟大家打招呼，安慰哭泣的孩子们，但他自己从未流露出任何情绪。"我从来没有和她分开过,因为她一直在我心里。"古鲁吉说。这样想一定能够缓解这场生死离别带来的痛苦。

古鲁吉的小女儿萨维塔觉得母亲对自己的死亡有预感。她记得大约在她母亲去世前一周,邻居的西柚树上掉下了一个柚子。邻居家自己从不吃这种水果,总是将柚子送给艾扬格一家,因为他们很喜欢吃。当萨维塔开始剥柚子皮时,拉玛说她要帮她剥。萨维塔不想让妈妈帮忙。因为妈妈看上去很累,几天来,身体一直很虚弱。

"不,妈妈。你需要休息。"她这样对母亲说。

拉玛说:"今天,我可以为你剥柚子皮。谁知道我明天还能不能帮你剥呢?"

在最后的日子里,拉玛告诉孩子们她无法入睡,她觉得自己躺在荆棘上。虽然饿,但她吃不下任何食物。她在最后一刻还忘不了自己的家庭职责。

艾扬格家有一只鹦鹉,大家会问它一些无关痛痒的问题:"你是我们的外公还是爷爷?是我们的奶奶还是外婆?"鹦鹉会捡起一张便条作为回答。在去世的前几天,拉玛用卡纳达语写了一个问题,并把它放在鹦鹉的笼子里。当鹦鹉回答后,她把纸撕成小碎片。孩子们很好奇。他们想知道妈妈向鹦鹉问了什么问题。"我们会把碎纸拼好,给爸爸看。"他们对母亲说。听到孩子们这样说,拉玛把纸条撕得粉碎，没有人能够再拼凑出来。萨维塔相信这个问题与她即将去世有关。

　　她的女儿们有时抱怨说，在她们所有的亲戚中，拉玛是唯一只有一个金吊坠的人，别人都有两个。她总是对孩子们说，他们必须给她再买一个金吊坠，当年艾扬格因为太穷买不起。他们要在艾扬格 60 岁生日那天将金吊坠送给她，按照印度的传统，夫妻通常会在这一天重温结婚的誓言。她没有等到丈夫的 60 岁生日，而是提前 5 年就去世了，脖子上挂着母亲给她的那只金吊坠。但是，在她生前，丈夫对她的爱一直环绕着她，已经完全弥补了没有拥有那只吊坠带来的遗憾。

　　拉玛玛妮为人谦逊，总是把丈夫和他的事业放在首

在艾扬格 70 岁生日的时候，克拉拉·巴克献上花环

位，她没有给丈夫一个告别的机会。

艾扬格的学生们还记得，直到晚年，每当他看到什么美丽的东西，不管是一座山、一场歌剧、一幅画、一座房子、一朵花，还是一条路，他脑海里就会立刻想起拉玛并且说："拉玛看到了该有多么开心！"

拉玛去世后的第二个星期，古鲁吉回到孟买上他的周末瑜伽课。学生们都郁郁寡欢，沉浸在深深的悲伤之中。他看了一眼那群悲伤的学生，说："别这样，别这样！"他捅了捅他们，"谁失去了妻子？是你们还是我？"大家忍不住都笑起来了。

拉玛在新购土地动工仪式结束后的第三天去世，一些人认为，这片土地将来不管用来做什么，即使是出于良善的动机，都不吉利。古鲁吉不这么认为。在他的心目中，这片土地一直被妻子祝福。他决心在这片土地上建造新的瑜伽中心和新的家，正如拉玛所设想的那样。

拉玛去世带来的影响

悲伤的形式是多变的。它的棱角有时尖锐而痛苦，有时又很圆滑，给人安慰，它在我们的生命中戳出一个个小洞，创造出充满记忆和遗憾的空间。

对吉塔来说，母亲的去世意味着她要放弃带有花边的普通纱丽，穿着纯白的纱丽寄托自己的哀思；对普拉桑特来说，这意味着放弃演奏他从小就满怀热情的印度小提琴；对其他孩子来说，意味着她们必须把悲伤藏在心里，以免给父亲增加负担；对他们的父亲来说，这意味着需要比以往更有激情地全身心投入工作。

大女儿吉塔成了家庭主妇，接替了母亲的工作，成了弟弟妹妹的代理母亲，并承担起家庭的责任，还协助父亲进行瑜伽教学。普拉桑特放弃了当音乐家的梦想，带着从母亲那里继承来的宁静的哲人气质，重新开始练习瑜伽。对于全家人来说，拉玛的去世就像经历了一场痛苦的手术，他们身体中的某个重要部位被切除了。过了一段时间，痛感变钝了，但每一个人都以自己独特的方式经历着某种空虚。尽管他们能够不时地感受到这种空虚，但是，生活还需要继续下去。

1978 年，大师商羯罗（Shankaracharya）访问浦那。古鲁吉一向是个莽撞的司机，在骑摩托车前去见大师商羯罗的时候，他在路上辗到了一块石头。摩托车打滑，发生了意外，古鲁吉受了重伤。幸运的是，一个认识他的黄包车车夫扶起他，并把他送回了家。古鲁吉当时神志不清，当车夫将他送到家的时候，他还一直叫车夫继续往前走。黄包车车夫曾经送过十多个客人去他的瑜伽馆，知道他的家在哪里。在与艾扬格一家建立了联系之后，黄包车车夫也来上瑜伽课了。

不久之后，古鲁吉再次出了意外。他曾经开玩笑说，他已经"适应了"祸不单行了。他的伤势如此严重，以至于每天的体式练习都非常困难。他的脊椎受伤，手臂也软弱无力。对他来说，即使是做一些简单动作——比如三角式，也很吃力。一切就要重新开始。就在这时，他决定在身体恢复之前不再剪头发。等到他的身体完全恢复时，他的长发已经成为他形象中不可或缺的一部分，他再也无法摆脱这个发型。在第二次事故后，即1978年年底，他的摩托车彻底成为历史。艾扬格全家有了第一辆汽车——一辆"大使"（Ambassador）牌汽车。

此时，古鲁吉的眉毛已经成为他面部最显著的特征。那对浓密的眉毛渐渐有了独特的行事风格——它们似乎在通过自己特有的方式来表达赞同、反对、挑战和接受。它们像一对毛毛虫，控制着他的脸，让他的表情更活泼，为古鲁吉的语言和思想增添了更多的维度。

有一次丹告诉古鲁吉，他的眉毛看起来很不自然，还无礼地问是否能帮他修剪一下。出乎她的意料，古鲁吉没有做出愤怒回应，他平静地说："顺其自然吧，丹。"他的眉毛越长越乱，而他的脾气越变越好。需要改变的是内心，而不是外在的事物——这种想法在他内心越来越明显。

在古鲁吉78岁的时候，全印电视台（Doordarshan）

来到他的瑜伽馆，要拍摄关于古鲁吉和他练习瑜伽的节目。在表演时，古鲁吉感到左胸有些不舒服。他当时正在做哈努曼神猴式，这需要完全劈开双腿，这个体式过去对他来说就像呼吸一样自然。然而，这次，他感到一种莫名的疲惫，胸口出现一种他不太熟悉的收缩感。他在摄像机的镜头下跳了起来，走到院子里，躺在地上，伸开双臂，感受自己快速跳动的心脏和不均匀搏动的脉搏。他在那里躺了很长时间，努力让自己的呼吸恢复正常。

马诺吉·奈可（Manoj Naik）医生到达古鲁吉的家，给他做了一个超声心动图测试，发现他刚刚出现心肌梗死的现象。医生坚持采用他所了解的唯一补救办法：立即住院治疗，并使用一系列药物来控制病情。

古鲁吉一辈子与自己的身体打交道。较之对抗性的疗法，他更相信自己的方法。他过去战胜了许多疾病的后遗症，他也能战胜这次的疾病。

不到 6 个星期，他就恢复了练习，心脏病对他如同昙花一现，似乎没造成什么影响。

但是，两年后，心脏病再次造访了他。当时他已经80 岁了，这次的病情更严重。他对医生态度热情，但还是拒绝住院。奈可医生绝望地绞着双手。古鲁吉年事已高，而且地位崇高，奈可医生无法像对待普通病人一样对待他。在这样的情况下，古鲁吉自行做出治疗方案，尽管奈可医生认为自己的方案更好，但还是被迫妥协了。

后来，当被人问起第一次心脏病发作的事情时，古鲁吉说："没有必要去看医生。我当时在录制节目，但是我却倒下了。为了完成使命，我必须永不停息。""永不停息"成为他生命的主题。

19 - 生活依旧

　　20 世纪 70 年代，印度所有必需物资——电力、煤炭、水泥、钢铁都供应不足，但这种不足却养肥了一批人。包括水泥在内的基础设施资源掌握在国家手中，因此供应和价格受到政客们的操纵。

　　马哈拉施特拉邦首席部长安图莱（A.R. Antulay）曾经向孟买的建筑商敲诈勒索——建筑商为了获得比政府配额更多的水泥，需要向安图莱创建的信托基金捐款。20 世纪 70 年代，在印度，水泥成了一种贵重商品。

　　不幸的是，古鲁吉正是在此时开始建造他的住宅和瑜伽中心的。水泥是他最需要的。

　　古鲁吉对瑜伽中心的设计方案非常明确。他想要一个象征瑜伽八支的三层建筑，这象征了对身、心、灵的全面探索。

　　桑哈维（Sanghavi）是古鲁吉的学生，他的女儿和儿媳是浦那瑜伽班的常客。桑哈维先生获得了建造此瑜伽中心的合同。浦那瑜伽班的孩子们记得，他曾经为每一位来学习调息的学生赞助一杯温牛奶。

开工后，他们遇到了几个问题。建筑的支出似乎是个无底洞。经过调查，大家发现古鲁吉通过纳尼·帕尔契瓦拉的赞助，千辛万苦从联合水泥公司采购的优质水泥被转售，取而代之的是一批不合标准的劣质品。人们指控桑哈维和他的儿子从中捣鬼，吉塔·艾扬格和丹·帕尔契瓦拉都在会议上言辞激烈地要求承包商做出解释。由于桑哈维没有给出任何解释，与他的建筑合约被终止。不久之后，他厚颜无耻地给艾扬格一家寄去一张账单，要求他们为他提供给学生的"免费牛奶"买单。

后来，一位新承包商——乐观开朗的甘帕特·拉奥（Ganpat Rao）接手了建造工作。在瑜伽中心建成之前，人们常年可以看到他戴着甘地帽坐在工地外面，啜饮着他的咖啡。

在瑜伽中心落成典礼那天，下起了倾盆大雨。因为使用了劣质水泥，整个屋顶漏得非常厉害，顶层被水淹没了。值得庆幸的是，来自南非的 80 名学生一起帮忙扫地、擦地板，他们清理了一个通宵，用鲜花和花环把这个地方装饰得既美观又华丽。

崭新的瑜伽中心已经准备好面对世界。

但是家里缺了点东西——至少孩子们是这么认为的。就像醉心于给孩子起押韵的名字一样（例如，艾扬格家的女孩子都押"塔"韵。译者注），印度人也非常痴迷板球。古鲁吉的孩子们知道他对板球的痴迷，所以利用了他的这个爱好。作为家里最小的孩子，萨维塔总被单枪匹马地派去向父亲提出特别的要求，从父亲那里哄骗一些哥哥姐姐们不敢要的东西。

那是 1975 年的元旦，印度刚刚以 85 分的优势在板球对抗赛上战胜了西印度群岛（在之前的两次对抗赛中，印度队都被西印度群岛队击败），印度民族情绪高涨。那天晚上 10 点半将播出比赛的高潮部分。萨维塔又被大家差派了。"安纳，"她过去对父亲说，"今晚印度和西印度群岛板球比赛进入高潮，并且会播出。你不觉得我们应该买台电视观看吗？"

早年的贫困生活让古鲁吉对孩子们的需求非常敏感，他立刻同意了。傍晚，一台黑白电视机昂首挺立在客厅里。

那天，他们所有的亲戚都从班加罗尔和迈索尔赶来参加瑜伽中心的落成典礼。

到了晚上，古鲁吉上完当天的瑜伽课后，发现一群叽叽喳喳的女亲戚都在全神贯注地观看周四晚上的歌曲节目（这个节目以播放印度流行电影歌曲为主）。古鲁吉表示，看到家里的女人放着正事不做，盯着看屏幕上蹦蹦跳跳的电影明星，他不开心。他说，电视将会毁了她们的家庭生活。

晚饭后，人们让他去观看精彩的板球比赛。他马上忘记了自己刚才还长篇大论地反对大家看电视，走下楼来，高兴地观看印度在板球比赛中击败西印度群岛。

第三次访问美国

在 20 世纪 70 年代初期，加州的拉玛·乔蒂·维侬（Rama Jyoti Vernon）发现了一本即将改变她一生的书——《瑜伽之光》。在此之前，她尝试跟很多瑜伽老师学习过，但她一直在寻找"那个人"。当她遇到《瑜伽之光》时，她觉得自己找到了这个人。

她和丈夫去印度寻找书中的瑜伽士。经过长时间的寻找，他们最后找到了弗仁尼·莫提瓦拉，她是古鲁吉在孟买的早期学生之一。

弗仁尼将他们带到浦那，但警告说，艾扬格住的地方很小，能带的学生数量有限。他们可能无法参加课程，但可以在旁边观摩。拉玛·乔蒂和她的丈夫生起一股敬畏之情，他们即将见到伟大的瑜伽士本人。哪怕只是看看，他们也非常感激了。

穿过铺着瓷砖的狭窄走廊，他们来到一个小房间，7个人挤在里面跟着古鲁吉练习瑜伽。他们原来把艾扬格想象成一个超凡脱俗的伟大存在，让他们感到吃惊的是，眼前的这个人身材矮小，但是却充满激情地指导着整个瑜伽班，教室里充满了活力。夫妇二人出神地看着艾扬格，他像一个"雕塑家"，把身体塑造成各种形状，又像一个"指挥家"，用胳膊、腿和身体来指挥由这些学生组成的小乐队。"你的腋窝一直不见天日，"他用命令的语气蛮横地说，"现在让它们出来见见光。"他浓重的口音让"腋窝"（armpit）这个词听起来像"金坑"（aurumpit），但是学生们完全能够听懂他的话。很快，教室里所有的腋窝都像鼻子一样暴露在外。当他们向前弯曲做背部伸展式时，艾扬格从教室的尽头开始，踩到学生背上，然后敏捷地从一个人走向另一个人，确保每个人都发挥出最大的潜能。当他踩到最后一名学生时，这位美国学生在古鲁吉的重压下呻吟着，努力下弯，与僵硬的脊椎和腿筋抗争，他说："哦，艾扬格先生，我多么喜欢感受你那双小脚踩在我背上发出的咯吱咯吱声。"古鲁吉头上紧蹙的皱纹线散开了，他发出了标志性的笑声——向后仰着头——笑容从他的内心深处展露出来。古鲁吉充满慈爱地拍了拍那个粗鲁无礼的美国学生的后背，然后走出了房间。下课了。

拉玛·乔蒂和她的丈夫等着艾扬格回来。艾扬格的照片挂在四周的墙上——艾扬格和梅纽因、艾扬格与比利时王后、艾扬格和克里希那穆提……最后，古鲁吉终于回来了，他谈到了妻子拉玛和她的逝世。他想为她建一个瑜伽中心。当谈到妻子的时候，他的眼里充满了泪水。

就在这时，拉玛·乔蒂向他提出一个酝酿已久的问题。她想让古鲁吉去加州，在她的瑜伽中心教学。他会答应吗？

对于加州，古鲁吉不是很了解。他要求他们与玛丽·帕尔默协调，安排他的行程。于是，古鲁吉在1974年访问加州。

这是他第三次访问美国。美国似乎已经为丽贝卡赎完罪了。

朱迪思·拉萨特（Judith Lasater）参加了1974年在加州举办的瑜伽课程。她原以为古鲁吉有7英尺高，但惊讶地发现艾扬格只比自己高两英寸。朱迪思站在第一排做山式，聚精会神地理解他那陌生的、带着浓重印度口音的英语。她试着按照艾扬格的指导去做，但是无论她怎么努力，都似乎无法让他满意。她觉得这个小个子男人在欺负她，感觉自己的情绪在上升——首先是愤怒，然后心想"他竟然胆敢？这个人到底是谁？"她自问自答道："我真可怜！他为什么偏偏针对我？"然后，在她所谓的"恍然大悟的炫目之光"中，她意识到艾扬格是在教她认识自己。她要学习如何观察自己对外界的反应，当事情不顺心时，她的反应总是先愤怒，然后自怨自艾。有了这样的解读，她突然变得自在了。看着古鲁吉敏锐的双眼，她笑了，古鲁吉也对她笑了笑，眼里闪烁着慈祥和理解的光芒。在第一次瑜伽课上，艾扬格通过一个简单的山式将她引进了内在的世界。

瑜伽也要交税

1969 年，印度为了增加其不断消耗的外汇储备，鼓励人们把在国外赚取的收入带回国内，在《所得税法案》中引入了一个新条款，允许所有"艺术"从业者从印度境外带回他们的收入，并将这些收入的税费免除 70%。由于从国外赚取的收入有了可观的增加，艾扬格认为可以好好利用这一条款。他找到了他的学生贝拉姆·帕尔契瓦拉，他是当时印度最好的所得税从业人员。要想利用这个重要的免税条款，贝拉姆必须证明艾扬格瑜伽是一门艺术。国家检察官提出的一个最有力的证据就是艾扬格在他的《瑜伽之光》一书中不断强调艾扬格瑜伽是一门科学。贝拉姆据理力争，他首先提出，不能仅仅根据艾扬格瑜伽是一门科学，就得出它不是一门艺术的结论。他举出了许多以科学为基础进行艺术追求的例证：诗歌具有韵律，建筑需要物理，绘画涉及化学，雕塑包含了几何学，音乐需要记谱，因此，他认为，与其他以科学为基础的伟大艺术一样，瑜伽也是一门艺术。

然后，他向法庭展示了几张艾扬格的女儿跳舞的照片，她们的动作看起来像瑜伽体式，但他最后一个有力的直观证据是古鲁吉做瑜伽体式的一些照片。"看看这些照片，"他带着一种戏剧性的平静语气说，"然后，请告诉我，当你们看到他的时候，脱口而出的是'多么伟大的科学家啊'，还是'多么伟大的艺术家啊'？本人陈述到此为止。"不用说，他赢了。

为了表达谢意，古鲁吉送给贝拉姆一个漂亮的铜制象头神像。贝拉姆把这个铜像放在他那长长的书架上，每次看到它，就想起艾扬格。

贝拉姆是 20 世纪 50 年代古鲁吉在孟买瑜伽班的早期学生之一。当时他的腹部经常出现阵痛，他咨询过许多专家，但都无法确诊。他参加瑜伽课程后，结肠炎和剧痛的发作频率有所降低，但并没有完全消失。一天晚上，丹、贝拉姆和古鲁吉一起去观看拉维·香卡的音乐会，贝拉姆发现，恼人的疼痛又出现了。疼痛非常剧烈，他们不得不离场。与早年在浦那帮助别人挑选赛马时一样，古鲁吉的直觉此时发挥了作用。"现在离你上次用餐有多长时间了？"他问贝拉姆。当贝拉姆告诉他已经有 7 个小时后，古鲁吉知道自己的预感是对的。"你必须多吃点。"他言简意赅地说。贝拉姆听从了他的建议，终于摆脱了困扰他多年的痛苦。

古鲁吉当年虽然没能通过毕业考试，但是他却解决了受过良好教育、具有丰富经验的孟买医生都无法破解的难题。毕竟，古鲁吉多年来一直在饥饿中挣扎，谁能比他更了解饥饿的本质呢？

贝拉姆天生具有一种神奇的新陈代谢能力，即使大吃大喝，他也从不发胖。修长的身材使他比孟买瑜伽课堂上的大多数人的体式做得更好，也更灵活。有一种瑜伽体式，古鲁吉在年轻时能够做出来，和拉玛结婚之后，古鲁吉的饮食得到改善，他发现自己不再能完美地做出这个体式了。

这个体式就是完全鱼王式（Paripurnamatsyendra），它需要在双腿、脊柱、臀部和踝部进行剧烈的扭转，而手臂和肩膀则向相反的方向扭转，并抓住小腿和脚趾。体重45公斤的贝拉姆可以完美地做出这个体式。当古鲁吉看到贝拉姆做这个体式的照片时，他从贝拉姆手中接过照片，把它塞到工作台的玻璃下，这样他就能由此获得激励。长期以来，人们一直批评古鲁吉的傲慢，但是，有多少老师会像他这样谦逊，像他这样具有勇气，公开地展示自己的不足，突显学生的优点呢？

20 - 辅具的应用

在一次上师满月节（Guru Poornima）时，吉塔谈到了父亲和瑜伽，她说："古鲁吉和瑜伽是密不可分的。在他没有钱、没有食物、默默无闻的时候，他在练习瑜伽，当他获得了名利之后，他还在练习瑜伽；他在年轻的时候练习瑜伽，年纪大了之后，他还在练习瑜伽。"在妻子去世之后，古鲁吉自己也说："我娶了拉玛，也娶了瑜伽。现在我的生命中只有瑜伽了。"①

他的学生们会聚集在学院凉爽、昏暗的地下室观看他练习体式。他通过蜿蜒的动作形成静止的体式，让周围的空间都闪耀着光彩。每一个动作都十分精美，流畅自如，学生们屏住呼吸、叹为观止，并飞快地做着笔记。

在和孙女谈到自己的瑜伽练习时，他曾说："来参加我课程的人常常是学者或权威人士。如果我犯了错，就会让瑜伽和我的古鲁蒙羞。我不能让这样的事情发生。

---

① https://balmainyoga.com/articles/evolution-practise-howour-truth-changes-pixie-lillas-bks-iyengar/

因此，我过去要练习，现在也在练习，将来还会坚持练习，永远不会停止。我的练习包括觉知正在做的动作，还要对所有发生的事情保持敏锐的觉知。这一切都是基于我的体验，而我的主要职责就是以教学的形式分享我的体验。所以，我的练习从未停止，也永远不会停止。我是一名瑜伽行者。"

在不需要上课的时候，他总是在凌晨 4 点开始练习，这是梵行时间（Brahma muhurtha）。练习结束后，咖啡也冲好了，喝完咖啡，他就开始进行调息，这将持续 1 个半小时。做完调息后，他就会休息一会儿，再喝杯咖啡，然后洗完澡祈祷，可能还会吃顿清淡的早餐。上午 9 点以后，他将继续他的体式练习，持续大约 3 个小时，其中包括半小时的头倒立式和 1 个小时的肩倒立式。

古鲁吉将体式练习当作他的灵性修持。在做好体式时，他会诙谐地说："唵，向三角式致敬（Om Trikonasanaya namah）。"他坚信体式练习会激活身体的每一个细胞，比反复念诵咒语更具有灵修的效果。

一顿简单的午餐之后，古鲁吉就开始阅读大量的信件。他总是及时地阅读信件，从不耽搁。他还会花大概一两个小时阅读报纸，如果有文字工作需要做，那么他就会在这个时候完成。如果想再做一次体式练习，他就会回到瑜伽大厅。傍晚时分，当橘色灯光照亮艾扬格的家时，他就开始为这一天画上句号了。晚餐后是古鲁吉看电视的时间——世界杯足球赛、板球比赛或者他最喜欢的卡纳达肥皂剧。但对古鲁吉来说，一天中最重要和最有成果的部分是他的练习时间，这是他发明、创造、发现和成长的时刻。

艾扬格的法国学生梵克·比瑞亚还记得20世纪80年代那次忙乱的牛津之旅。一天下来，他们遇到了可怕的交通堵塞，当他们到达住处吃完晚饭时，已经过了午夜。古鲁吉被安排住进了一个单间，所以比瑞亚就睡在旁边的瑜伽室。忙碌了一天，梵克筋疲力尽，他的头一碰到枕头就睡着了。大约一个小时后，他感觉到瑜伽室的一角亮起了昏暗的灯光。睁开蒙眬的双眼，他看到了瑜伽室角落的古鲁吉。在接下来的4个小时里，梵克时睡时醒，看到古鲁吉在练习各种各样的瑜伽体式。当梵克慌忙不迭地在凌晨4点起床给古鲁吉端上咖啡时，他看到古鲁吉刚洗完澡，容光焕发。古鲁吉担心自己可能会因为疲劳而错过早上的瑜伽练习，于是在晚上做完了4个小时的练习。到了凌晨4点，他才准备小睡一会儿。带着一丝幸灾乐祸的意味，他对梵克说："现在，我要进入瑜伽睡眠了，你做你的昏睡瑜伽吧。"

在他去世前的几个月，古鲁吉请他的孙女阿比迦塔（Abhijata）给他拿来几个长凳，这样他就可以做挺尸式

（Shavasana）。几个年轻的学生和阿比迦塔一起在旁守护着，以防他需要帮助。他挥手让他们走开，意思是他们应该继续去做练习。过了一会儿，当他睁开眼睛时，发现他们还站在那里，他脸上露出一丝不悦。"你们为什么还站在这儿？"他问，"如果你们还继续站在这里，我就不练了。"这群年轻人害怕惹恼了古鲁吉，赶紧走开了。

几天后，当遇到其中一位年轻人时，他解释了自己的不悦："帕坦伽利说，瑜伽练习必须是长期、连续、不间断、充满敬意的。只有这样，才会根基牢固。这出自《瑜伽经》第一章《三摩地篇》第14节。"古鲁吉不仅对自己的练习保持着敬意，也尊重他人的练习。所以他让年轻人不要管他，要去认真对待他们自己的练习。

辅具和其他设备

在20世纪40年代，如果在路边发现了大石头或者其他零碎的东西，古鲁吉就会用车装起来运回家，借助它们进行瑜伽练习。有时，他会走到马路上，躺在压路机的轮子上，这样他就能体验到强度更大的后弯，他的行为常常让路人感到惊奇。这种对瑜伽艺术的奉献精神让他获得了"疯子"的称号。后来，他发现可以将家里的水桶改装成相同的用途。他先后用毯子裹住钢鼓和圆凳进行试验，从而发明出辅助倒手杖式

（Viparitadandasana，支撑后弯）的板凳。这种凳子是基于人体解剖学原理，根据不同的身体结构或灵活度而制作，可以适用于任何人。

在早期，古鲁吉常常骑着他的忠实伙伴——亨伯自行车，穿越浦那城，单次行程就有 25 公里，甚至更长。白天教学完毕之后，他在晚上骑车回到家时，已经筋疲力尽。他的双腿因疲劳而颤抖，身体的疲惫也导致了神经的紧张，他不能通过休息让身体自然恢复，因为第二天他依然要这样骑车去上课。所以，每天晚上，他都会躺在床上，双腿上面放着几条卷起的毯子，毯子上面放一个装满水的大鼓，以此来缓解腿部神经的颤抖。有时候，他也会让拉玛或孩子们坐在他的腿上，他们的温度和压力可以帮他缓解颤抖。

后来，当他发现学生们因神经疾病、衰弱或焦虑而产生各种症状时，他就用重物和压力的方式，拓展他过去使用的这种方法。他用一块软布把学生们的腿绑在一起，然后将重物放在双腿之上。他发现，这不仅能消除身体上的神经颤抖，还能消除大脑中的神经症状。通过利用重物，可以让神经系统得到放松，从而让身心都平静下来。如今，现代前沿科学研究通过模拟婴儿处在母亲子宫里的环境，重新激活我们生命初期在压力下体验到的安全感。古鲁吉根据自己的直觉，利用棉毯和重物就达到了这个目的。

砖块或立方块最初是用来帮助人们倒立，并提供额外的支撑。现在，有各种形状和大小的块状物可供选择，它们已经成为艾扬格瑜伽练习者的必备之物。它们的使用方法也五花八门。

20 世纪 60 年代，当古鲁吉访问法国时，在机场第一次见到了用于固定行李箱的皮带，他的包也是用这种皮带固定的。回到印度后，他发现皮带在瑜伽练习中有很多用途。他发现，在任何体式中，使用皮带都可以增加阻力，根据不同的使用方法，皮带有助于改进姿态、灵活度和力量。

第二年，当再次访问法国时，他想采购更多的皮带，由于市场的不确定性，他发现这些皮带已经停产，而且不会再生产了。他别无选择，只能在浦那找本地人来仿制这种皮带。皮带后来成为艾扬瑜伽辅具设备中不可或缺的一部分。

戈德瑞吉（Godrej）公司过去生产保险箱、碗柜、椅子和其他钢铁制品。1944 年，孟买码头发生爆炸，造成 800 人死亡，整个地区变成一片废墟，但商业办公室里的每一个戈德瑞吉保险箱都完好无损，这给戈德瑞吉公司带来了巨大的声誉。他们生产的一种椅子是大多数中产阶级家庭的标配。这种可折叠的椅子采用不锈钢粉末涂层，经久耐用，也成为艾扬格瑜伽教室的基本设备。瑜伽练习者借助它做肩倒立和后弯，这种椅子的所有部分——包括底部的横档都发挥了作用。

艾扬格富有创意地利用周围环境元素的某些特点，不仅帮助了那些对于做出特定体式有困难的人，还帮助了高阶的练习者，让他们在体式动作的练习中获得更深入、更强烈的体验。

他在卡纳塔克邦农村老房子的仓库里看到绳子，便将之改造成壁绳和顶绳，在瑜伽练习中将它们作为倒转体式的支撑。他又将农村的井绳进行即兴改造，最后发明了一种帮助进行倒立的完美辅具，借助它不会对头部造成任何压力。

克里希那穆提经常在他的演讲中谈到警觉的被动心理状态（alert passive mind）。艾扬格知道他在做商穆克手印的时候经常会体验到这样的心理状态。艾扬格向克里希那穆提演示了这个手印是如何帮助一个人在几分钟内达到这种状态的，如果用其他方法，可能需要很多年。艾扬格跟大家笑着分享了以下的故事：一群资深瑜伽士拜访罗摩克里希纳（Ramakrishna Paramhansa），这群瑜伽士告诉罗摩克里希纳，通过多年的苦修，他们能在水面行走，他们就是用这样的方式过河来拜访他的。罗摩克里希纳天真地问他们："哦，你们为什么要费这么大的劲，浪费这么多年时间？如果你给船夫几个派士，他就会渡你们过河！"

古鲁吉想要找到一种辅具，通过它可以获得商穆克手印的效果，这种辅具就像是那个船夫，凭借它，人们不需要经过多年的努力，随时就能体验到警觉的被动心理状态。多年来，他一直在用哈奴曼短裤（Hanuman chaddi）做实验，这是一种著名的紧身短裤，会在大腿上留下勒痕。就他个人而言，这种短裤的效果很好，但他觉得用先生内衣遮住眼睛的想法可能不会受大众的欢迎。

橡皮圈适时被发明出来，借助它，人们很快就获得了这种警觉的被动心理状态。

圈形板（chumbal）是用软布缠成一个甜甜圈形状的垫板，在印度农村，它被用来承载重物。它的作用是在头顶重物的时候，垫在头上保护头部。早年在做束角式（Baddhakonasana）的时候，古鲁吉用立方块来抬高脊柱，后来用两个圈形板（臀部两边各放一个）代替了这些坚硬的块状支撑，因为这样更符合人体解剖学结构。

每隔几天，艾扬格就会让瑜伽中心的木匠制作一个新的辅具。木匠会测量古鲁吉胸部和臀部与地面的精确距离，然后制作一个粗略的模型。古鲁吉亲自测试过样品后，再制作出成品。这些立方块、凳子和辅具由实木制成，后来遍布世界各地的艾扬格瑜伽坊。

在西方，人们轻蔑地称他为"家装瑜伽师"（furniture yogi），但古鲁吉并不因此而却步。他关心的是帮助人们获得健康，任何有助于实现这一目标的东西都会被他添加到装备库中。

当有人问古鲁吉为什么不为他的辅具申请专利时，他说："我设计辅具是为了利益大众。成千上万的人从中受益，并将继续受益。上帝有没有为他的创造申请过专利？作为一个凡人，我有什么权利这样做呢？"

瑜伽神父

约瑟夫·佩雷拉（Joseph Pereira）是浦那教皇神学院的一名年轻学生，有一次，古鲁吉和吉塔应邀在那里做示范表演。他第一次见到艾扬格，就被迷住了。孟买是世界上房地产价格最高的城市之一，是神父乔伊（Joe，即约瑟夫·佩雷拉。译注）帮助古鲁吉在孟买找到教瑜伽的地方。当地的基督教组织不想将房子租出用作瑜伽教室，在乔伊的帮助下，古鲁吉才如愿以偿。乔伊被人称为"吟唱神父"，古鲁吉经常让他诵吠陀咒语或唱赞美诗。

根据乔伊的说法，古鲁吉对残障人士极富同情心，经常竭尽全力去帮助那些需要他指导的人，很少考虑自己的健康。

古鲁吉曾经在马哈拉施特拉邦潘恰格尼（Panchgani）的道德复兴中心举办过一次瑜伽修习营。在密集的瑜伽课程结束后，营员聚集在公共餐厅用餐。乔伊正坐在那里享用美味的阿芳索杧果泥——这种杧果采摘自马哈拉施特拉邦海滨红土山地，有"印度杧果王"之称——他听到古鲁集的声音："喂，乔伊！你能吃多少碗杧果泥？我可以吃下你吃的4倍。"乔伊最后吃了4碗，古鲁吉吃了16碗。学生们很少看到古鲁吉这样暴饮暴食，即使是他最喜欢吃的巧克力和迈索尔甜点，他吃起来也非常有节制，每次不会超过一小块。

在举办瑜伽营的时候，他们听说印度最受尊敬的实业家之一塔塔（J.R.D. Tata）去世了。作为纪念塔塔先生仪式的一部分，乔伊向聚集在那里的200人演唱了他最喜欢的赞美诗《与我同在》（*Abide with Me*）。

后来，在瑜伽课上，古鲁吉帮助乔伊调整体式，但是乔伊最后还是无法做成功，古鲁吉开玩笑地说："乔伊，你除了唱歌，一无是处。"

几年后，神父乔伊用他的慈恩基金（Kripa Foundation）——现在是印度最大的非政府组织——证明了崇高的动机与行动结合起来能够成就多大的善举。受特蕾莎修女和古鲁吉的启发，这位吟唱神父创建了一个戒除成瘾康复中心，帮助成瘾者和艾滋病患者积极地面对生活。慈恩基金的"古鲁吉瑜伽项目"是由古鲁吉规划制定，对成瘾进行治疗，在当时的西方，人们对成瘾主要是采用"心理—精神"（psychospiritual）和"心理—社会"（psychosocial）层面的方法，而古鲁吉则从心身（psychosomatic）层面下手。就像乔伊所说，古鲁吉比帕坦伽利的"瑜伽是抑止心的活动"（Yogas chitta vritti nirodhah）更进一步，提出了"瑜伽是抑止细胞的活动"（Yogas snahu vritti nirodhah）。他所采用的是抑止细胞活动，而不是像帕坦伽利推荐的那样仅仅去抑止心的活动。

古鲁吉康复治疗依据的是如下的格言："细胞的内容决定外在的内容。"该项目让成瘾者相信：外部世界是内在世界的反映。一旦他们从细胞层面进行改造，世界将不再是原来的样子。

人们通常认为，酒精和毒品之所以具有吸引力，很大程度上是因为它们能够让神经递质激增，从而产生一种特别强烈的愉悦感。因此，戒除成瘾就需要通过人工的刺激重建愉悦的感觉。古鲁吉认为需要扭转这样的观点。那些具有成瘾问题的人必须意识到身体是神灵的圣殿。当成瘾者学会从外围转到中心，学会从交感神经系统转向中枢神经系统时，他们就会转向神，他们最终会意识到幸福的根源就在他们自己的内心。古鲁吉充满诗意地告诉乔伊："我们都必须意识到我们的心灵是由神创造的。在神那里，我们的心灵才能获得真正的安宁。"

当时，全世界都在批评古鲁吉的瑜伽是一种纯粹的身体锻炼形式，而古鲁吉本人也因其粗鄙的身体和技艺展示而受到批评，他们轻蔑地称古鲁吉是个杂耍演员。当有人问神父乔伊，让他谈谈古鲁吉和古鲁吉对身体的过度关注时，乔伊做出了一个简洁的回复：

"正是他教会我如何祷告。"

21 – 多面的古鲁

1978 年，古鲁吉迎来 60 岁的生日。印度人很看重 60 岁寿庆（Shastipoorthi）。在印度教中，60 岁被认为是放下世俗生活、进入下一个灵性追求阶段——林栖生活（Vanaprasthashram）的桥梁。为了庆祝这个具有里程碑意义的生日，他的学生们成立了一个特别委员会，用来负责策划各种活动。

为了纪念这一天，他们特别发行了一本书——《身体为庙，瑜伽为光》（*Body the Shrine*，*Yoga thy Light*）。书的内容包括各种各样的文章，涉及古鲁吉的过去、他的工作和家庭，以及那些生活因他发生变化的人所写的文章。

在这样的日子得到上师的祝福是件好事，所以克里希那玛查亚被邀请来主持这个活动。在拉玛玛妮去世之后，克里希那玛查亚就不太愿意到艾扬格家去，因为他觉得没有人能像拉玛玛妮那样照顾他的需要。艾扬格一家向他保证一定像拉玛玛妮那样将他照顾好，甚至更好。

在庆祝生日的活动上，克里希那玛查亚受邀发表演讲。他笔直地坐在讲台前，连续讲了两个小时。他用梵文在进行演讲！当时他已经 90 岁了！听众都是古鲁吉来自世界各地的学生。向大厅望去，你可以看到人们忍住呵欠，昏昏欲睡，但是他们都很有礼貌，没有起身离开。

在第二个小时的时候，古鲁吉用泰米尔语和克里希那玛查亚交谈，可能是请求他结束演讲。克里希那玛查亚没有理睬他，继续演讲。

最后，古鲁吉拿起上师的话筒说："我古鲁的知识如同滔滔江河，无法停止流淌。"观众们鼓掌欢呼，与其说是欢呼这个长达两小时的梵语演讲，不如说是欢呼艾扬格用善巧的辞令结束了这场演讲。

艾扬格的学生阿迪尔·帕尔契瓦拉在 20 世纪 70 年代后期曾经问："艾扬格叔叔，你能用一个词来形容你的古鲁克里希那玛查亚吗？"古鲁吉想了一会儿说："保守。"

"为什么？"阿迪尔问。

"因为，"古鲁吉回答，"他至死都保守住自己的所有知识。"

"克里希那玛查亚什么也没教过我。"大家都听到艾扬格这样讲过，"他让我做鸽子式（Kapotasana）。我不知道鸽子式是什么，我得先去了解鸽子式是什么，才开始练习。练习之后，我的肚子就开始疼了。我觉得有尿意，但是去厕所后又尿不出来。"一天下来，艾扬格已经无法走路。晚上的时候，他爬到他姐姐的房间，"我尿不出来。我做这个体式的时候出了问题。"他告诉他的姐姐和姐夫。克里希那玛查亚严厉地告诉他："瑜伽对你来说太难了，不要再练了。"古鲁吉当时虽然什么也不懂，但是他还是坚持了下去。

梵克讲过有关克里希那玛查亚另一个类似的故事。在20世纪80年代，古鲁吉让梵克看过他的腹部。他告诉梵克，克里希那玛查亚让他独自练习了一个星期的蝎子式。这个体式要求脊椎非常灵活，手臂也要很有力量。一周后，他的古鲁要求他展示这个体式。桑达拉当时身体非常僵硬，虽然竭尽全力，但是还是无法用脚碰触到头。但当看到克里希那玛查亚拿起那根打人的铁棒时，他非常用力地让双脚接触到头部，以至于感到体内某个部分被撕裂了。几十年后，当做完倒立姿势时，他经常不得不离开练习厅，吐完带血（旧伤复发）的食物后再回来。他曾向他最亲密的学生倾诉过，说他觉得那次留下的伤害将会成为他的致死之因。尽管如此，他还是继续努力地练习。后来有一天，在做头倒立式的时候，他还让学生比瑞亚过去观察他的腹部。他告诉比瑞亚，他是如何设法疗愈陪伴了他50年的撕裂之伤的。

艾扬格通过亲身实践学会了如何疗愈自己，也通过亲身实践进行学习——通过尝试，收获各种成功和失败。

终其一生，古鲁吉都无法调和这两种矛盾心态：在他最脆弱的时候，他的古鲁粗暴地对待他，这让他的内心郁积了许多怨恨；另一方面，根据印度传统，人们通常对自己的古鲁恭敬有加。

他大度地谈到克里希那玛查亚："至少他给了我瑜伽。"

与艾扬格一起生活

费若扎·穆纳瓦尔·阿里（Firooza Munawar Ali）通过乔伊神父认识古鲁吉。在跟随古鲁吉学习了几年普通瑜伽课程后，她决定去浦那进一步亲近艾扬格。

像艾扬格的许多学生一样，费若扎对她的老师十分敬畏。这是一种奇妙的双重感情，一方面她害怕他，另一方面又喜欢和他在一起。当时她在孟买一所大学教哲学，她问古鲁吉是否可以在暑假的时候前往浦那。

艾扬格说："我让你过来的时候，你一定要过来。"

当艾扬格让她去浦那的时候，正碰到一个最不凑巧的时间——她当时刚接到一个教学任务，正进行到学期的期中。当她请假的时候，校长很不满，但是费若扎心意已决。她的古鲁吉让她过去。不管校长批准不批准，费若扎都会前往浦那。

于是，她带着 20 年来一直拥有的信念——上苍必定会眷顾她，背着包和 3000 卢比的奖学金来到了艾扬格瑜伽学院的门口，这笔钱足以让她撑过一个月。

"啊……你来了。"古鲁吉说，"你要住在哪里？"

"住在这里？"她试探性地问。她没有意识到她需要获得事先的许可。

艾扬格告诉她，她得付钱才能住下，然后大声叫道："喂，普拉桑特，给她准备个房间吧。"全家人都来帮忙。普拉桑特为她准备房间，萨维塔为她订牛奶，他们告诉她可以去哪里买蔬菜。

每个住过瑜伽学院小房间的人都有过晚上 8 点被关在门外的经历。一天晚上，当她返回学院时，她的丝巾（dupatta）缠在自行车轮子上了，回到学院的时间比她预期的要晚得多。当她最终回到学院的时候，大门已经紧闭。大多数迟到的人通常都要翻过大门，她也要如此，但她不能把自行车留在门外无人看管。于是，她费尽力气拖着笨重的自行车翻越大门，心里越来越焦急。尽管她尽量不弄出声音，但是这个过程还是很嘈杂。自行车撞击铁门发出的铿锵声响彻整个院子。

她看见一个人影走到外面的阳台上，是古鲁吉。她鼓起了勇气——因为她回家晚了，更糟糕的是，还打扰到了大家——准备接受古鲁吉刻薄的批评。

"喂，普拉桑特，来开门。"古鲁吉平静地说，当他看到费若扎安全地进门后，就走开了。

费若扎在瑜伽学院的日子漫长而平静，她与古鲁吉和他的家人一起进行紧张的瑜伽练习，骑自行车去买土豆、洋葱、牛奶和面包。

1984年10月31日，印度突然爆发了前所未有的暴力事件。印度总理英迪拉·甘地被她的锡克族私人卫兵刺杀了。这是对蓝星行动（Operation Blue Star）的报复。在蓝星行动中，英迪拉·甘地命令印度突击队员冲进锡克教圣地——金庙（Golden Temple），计划赶出躲藏在里面的恐怖分子。长期以来，一直被"忠诚的印度士兵"的故事所熏陶的印度现在被激怒了。卫兵宾特·辛格（Beant Singh）是英迪拉最喜欢的人之一。在事发之前几个月，英迪拉保安卫队的所有锡克教徒都被解散，后来，英迪拉重新任用了这些人，说她绝对信任他们。在这些人当中，有一位深受她信任的人杀死了她。

在接下来的日子里，因为戴着显眼的头巾，全国各大城市里的锡克教徒遭到人们的追捕和屠杀。惊疑不定的气氛弥漫在空中，政府宣布了宵禁，不允许人们走出家门，因为任何人在街头都可能遭到暴力袭击。当印度正在努力应对这场毁灭性的暴力事件时，古鲁吉想到了这个独自待在学院小房间里的年轻女孩。他走到费若扎的房间，问：

"你晚饭吃什么？"虽然不能外出购买食材，但是她坚持说自己很好，然后古鲁吉就走开了。过了一会儿，古鲁吉和小女儿萨维塔再次来到费若扎的房间，他们带来了一碗膨米炒饭。那天，艾扬格将自己家的晚餐分给她吃。费若扎发现艾扬格如狮般威严的外表下蕴藏着一颗柔软的心。在那个月里，她发现艾扬格一家喜欢给别人吃的，她的盘子里经常被装满了许多油炸甜甜圈，古鲁吉会说："再吃一个，你可以通过更多的调息练习将它清理出去。"

她记得，有一天在课堂上，古鲁吉对一位正在做下犬式的年长先生失去了耐心，为了强调这个体式，他将这位先生的头撞向地板。很快，费若扎发现古鲁吉亲自做出下犬式，用自己的头撞击地板表示懊悔，他想亲自体验那位先生的头撞到地板上有多疼。

还有一次，他把一名新学生贾娜（Jharna）赶出了教室，说她还没有准备好，不能练习调息。贾娜离开教室，因为隐形眼镜让她的眼睛不舒服，所以她站在外面进行调整。古鲁吉以为她在哭，就跟着她出去，告诉她："别担心，你下个月可以来上课。"

对于瑜伽课上的年轻人，古鲁吉也有柔软的一面。当他们中的一群人制作出第一件瑜伽 T 恤时，从未穿过 T 恤的古鲁吉次日便穿上这件 T 恤，向大家炫耀。

古鲁吉的赤子之心

在 20 世纪 70 年代，古鲁吉总是在周六乘坐德干女王号去孟买，周日下午返回。一个前往孟买的浦那学生告诉古鲁吉，他要开车去孟买，可以载古鲁吉去孟买然后再把他载回来。阿迪尔·帕尔契瓦拉当时还在上大学，在假期的时候，他会在浦那跟随古鲁吉上课，周末再返回孟买的家。

所以，当时三个人——古鲁吉、阿迪尔和那位浦那的学生——同车结伴而行。在那个时代，在一条狭窄的双向公路上沿着西高止山脉（Western Ghats）开车行进是非常辛苦的事情。任何一个方向发生交通事故都会在公路上造成蜿蜒的拥堵，通常需要几个小时才能再次畅通。

他们坐在车上天南海北地聊天，如果出现交通堵塞，他们就会停下来买茶和土豆馅饼（batata wada）。放眼望去，公路已经堵塞了几英里，通往孟买的交通完全瘫痪了。在同一个地方被困半个小时后，古鲁吉有点不安地说："我上课要迟到了。"学生们都知道古鲁吉从不迟到，这次老天似乎要让他破例了。

交通看起来似乎无法疏通，所以古鲁吉不能准时赶到教室。阿迪尔平静地问他："古鲁吉，如果你同意的话，可以让我来开车吗？"

"你能做什么？"古鲁吉尖刻地反驳道，"大家都不动，你能把车开到哪里？"

阿迪尔试探性地说："我可以开到马路的另一边去。"

"你能做到吗？"古鲁吉问道。阿迪尔还没来得及点头，古鲁吉就不容商量地对浦那的学生说："嘿，你！到后面去！"

阿迪尔接过方向盘，他必须判断另一个车道的交通什么时候相对畅通，并以极快的速度切换过去，然后逆向行驶，遇到对面来车的时候，他再努力切换到前往孟买的车道。这是一次紧张而危险的行动，因为一个小小的判断失误就可能导致致命的事故。但每次他把车开到另一个车道，把油门踩到底的时候，坐在他身边的古鲁吉都会笑着鼓掌，就像一个兴奋的孩子。不用说，他们准时抵达教室，阿迪尔目睹了沉稳严肃的古鲁吉具有完全不同的另一面。他将古鲁吉的这一面一直珍藏在心里。

除了喜欢以出其不意的方式去冒险，古鲁吉还痴迷于板球。1983年，印度经济增长率仅为3.8%，但是印度人对彩色电视机的需求增长了140.3%。许多购买彩色电视机的人可能都是像艾扬格这样的父亲，他们痴迷于板球，在家里孩子的怂恿下便购买了一台电视机。那一年的板球世界杯在澳大利亚举行，这是印度人第一次能够在起居室里通过彩色电视机近距离观看板球比赛。

梵克当时还在印度，正在瑜伽学院里学习。古鲁吉正在帮助一位女士，但是她似乎不理解古鲁吉的指导。古鲁吉忧伤地看着周围正在练习的学生，说："大家都学不会，都吸收不了任何东西，没有取得任何进步，我不如去死算了。"他转过身，大家还没来得及反应，他就大步地离开了。

比瑞亚是一个非常忠实的学生，他感到非常内疚。"我不如去死算了"，这句话一直在他的脑子里回响。他总是觉得他们这些学生配不上拥有这样的古鲁。现在，古鲁吉本人也证实了他的这个想法。比瑞亚代替古鲁吉继续教大家，并帮助这位女士进行练习，同时他也在思考如何努力，让自己更配得上老师。下课后，他没心情聊天，立刻就出门了。

他希望能找到古鲁吉，可能还要向他道歉，因为他们让他失望了，他透过窗户往屋里望，希望能和古鲁吉的眼神相遇。

其实他没有必要道歉，他的老师正开心着呢。古鲁吉正躺在屋内的电视机前，津津有味地观看板球世界杯比赛——看起来根本不像一个打算马上去死的人。

较之于对板球的狂热，印度人对杰出板球运动员的痴迷更胜一筹。1998 年，印度最伟大的击球员萨钦·腾杜卡（Sachin Tendulkar）患上了严重的背部疾病，整个国家都跟他一起受苦。萨钦从印度板球队的其他成员——

比如扎希尔·汗（Zaheer Khan）、阿尼尔·昆伯（Anil Kumble）和拉胡尔·德拉维德（Rahul Dravid）那里了解到古鲁吉，这些人都是从古鲁吉或他的某个学生所教授的瑜伽中受益者。

因为背部的疼痛，萨钦经常彻夜难眠。在上完古鲁吉的第一次课后，他就能够平静地入睡了。凭着运动员的自律，他努力遵循古鲁吉为他制订的练习方案。逐渐地他的背痛减轻了，然后慢慢消失了。

大约十来年后，萨钦的脚也出现了问题，并给他带来剧烈的疼痛和不适。伦敦的医生建议他做手术，扎希尔汗建议萨钦再次求助于古鲁吉。在治疗萨钦的脚掌时，古鲁吉说它"跟石头一样硬"。十多天后，萨钦回到伦敦，他的整骨医生说再也没有必要进行手术了。

多亏了古鲁吉的介入，印度的板球迷们终于可以松一口气了。

22 – 更加耀眼的光辉

20 世纪 60 年代末，十多岁的贾瓦哈尔·班格拉就开始跟着古鲁吉练习瑜伽。过了一段时间，古鲁吉要求他去塔吉健身俱乐部（Taj Health Club）教瑜伽，因为之前在那里教学的巴卓离开了。虽然贾瓦哈尔是古鲁吉团队里不可或缺的一分子，但直到很久以后，他才开始全职从事瑜伽工作。

梅塔家族的比乔·梅塔在 1974 年参加了古鲁吉的孟买瑜伽班，但他很快就和古鲁吉非常亲近了。作为职业人士，他与他的两个姐姐阿尔蒂（Aarti）和拉姬维（Rajvi）工作都很忙，但他们还是把生活中的许多时间奉献给了古鲁吉和他的瑜伽学院。除了自己全职的科学家工作，拉姬维还编辑了由拉玛玛妮·艾扬格瑜伽纪念学院出版的杂志《瑜伽密义》（*Yoga Rahasya*）。早在 1974 年，比乔十年级毕业的时候就开始跟随古鲁吉练习瑜伽，他后来从印度理工学院电气工程专业毕业。在他参加瑜伽学习 8 年后，古鲁吉要求他开始担任孟买星期六课程的助教。

1984 年，古鲁吉邀请贾瓦哈尔和比乔作为随行人员前往旧金山参加国际艾扬格瑜伽大会。一同前往的还有古鲁吉麾下的几个高级瑜伽老师——巴卓·塔拉普瑞瓦拉、丹·帕尔契瓦拉、拉提·温瓦拉、杰思敏·瑟特纳（Jasmine Sethna）、库莉·达斯图和卡兰迪卡（Dr. Karandikar）。因为其他的老师都有自己的瑜伽班，并且有着相对独立的运作，所以贾瓦哈尔和比乔被指派为古鲁吉的随扈。大家都喜欢叫他们"小伙子"。

1984 年，首届国际艾扬格瑜伽大会在美丽的旧金山湾梅森堡（Fort Mason）举行。这次瑜伽大会是美国历史上最盛大的一次瑜伽大会。梅森堡曾见证过 160 万军队和 2300 万吨货物转移到太平洋，但这个地方看起来却不太像是第二次世界大战期间太平洋战争的发生地。《纽约时报》曾经评论道："这个港口有一种主要的出口商品，它输出战争。"

现在，它已被改造成一个文化中心，过去悲惨历史的痕迹荡然无存。

750 名参与者大致被分成 20 组，每组 35 ~ 40 人，在任何时候，都会有 10 个班级在不同的棚子里上瑜伽课。每一组学生每天都有两次两小时的课程。古鲁吉和他的两个小伙子整天都靠步行去巡视老师们是如何上课的。古鲁吉每天要参与 20 节课——纠正、引导、鼓励、批评——以确保每个人都获得必要的关注。两个小伙子知道他们需要做的是提供古鲁吉要求准备的任何东西——木板、绳子、砖块等辅具，他们紧紧跟在古鲁吉的身边，几乎还没等他开口，他们就已经递给他所需要的辅具了。

比乔回忆说，当走到某位女士跟前时，古鲁吉停了下来，问："有什么问题吗？""没问题。"她说，"我很好。"他走向另一个人，绕了一圈又回到她身边。"有什么问题吗？"她还是说"没问题"。当第三次回来的时候，古鲁吉发现那位女生身体某一侧不平衡。这位女士终于告诉他自己曾经罹患癌症，身体的一侧做了手术。古鲁吉显露出温和、富有同情心的本性，开始告诉她该做什么，该怎么做。比乔说，当普通人看到别人一瘸一拐的时候，就会知道出事了。同样，古鲁吉能够从某人的能量状态鉴别出他内在深处的失衡。

丽萨·瓦福德（Lisa Walford）参加了 1984 年的瑜伽大会。当时她正在参加由古鲁吉指派的一位高级瑜伽老师指导的调息课。学生们正在借助椅子的支撑做后弯，然后从那个姿势抬起身子，进入上轮式（Urdhva Dhanurasana），并扩展胸腔。和往常一样，当古鲁吉身着鲜红色短裤走进房间时，空气中弥漫着一种异样的感觉。"你在干什么？"他低沉着声音，然后转向指导老师说："我死后，你可以随心所欲，但我活着的时候就不能这样！考虑考虑他们的神经系统吧！"古鲁吉的语气里散发出的强烈的不满情绪似乎让教室里每个人的神经都在颤抖。然后，古鲁吉亲自示范了他认为正确的体式，让大家的神经平静下来，准备进行接下来的调息。当他离开教室时，整个房间的气氛仍然因他的造访而颤动着。

露丝·菲斯珂（Ruth Fisk）在练习瑜伽之前是一名专业舞者。一次严重的摔伤事故结束了她的职业生涯，而瑜伽让她走上了康复之路，但是，她的耳朵里仍然一直有一种萦绕不断的嗡嗡声。为了解决这个问题，在旧金山的瑜伽大会上，露丝被请上前台。古鲁吉把他的手指深深地插进了露丝的耳朵里，然后问她是否有所改善。她摇摇头，表示"没有"。然后，露丝用大得出奇的声音说："我听不见你说什么……你的手指塞在我的耳朵里。"古鲁吉哈哈大笑，笑声在大厅回响。然后，古鲁吉推荐了一些在家里就可以进行的练习。这些练习让她的症状在一年之内获得了改善。

这次美国之行并不全是花团锦簇的美好回忆，也有一些让他们不愿意回想的经历。维克多·范·库腾（Victor Van Kooten）第一次和古鲁吉见面时几乎完全无法动弹，在古鲁吉的帮助下，他的身体恢复了全部功能。他后来成为艾扬格在欧洲的主要教师之一。范·库腾非常感谢他的古鲁，以前经常把自己大部分甚至全部的利润捐给艾扬格的基金会。

　　然而，在这次瑜伽大会的某次晚间会议上，范·库滕猛烈抨击艾扬格，指责他和他苛刻的教学方式对自己的背部造成了不可逆伤害。长期以来，维克多·范·库滕和安吉拉·法默都是教授艾扬格瑜伽的老师，后来他们决定和艾扬格体系脱离，走自己的路，用长期跟随艾扬格学习到的知识，结合自己的理解，发展出自己的风格，进行瑜伽教学。

　　他们发起尖刻的斥责，咄咄逼人，让人猝不及防。艾扬格像是中了别人的埋伏，被人猎杀，他感到很受伤。

　　在接下来的几天里，古鲁吉以各种方式向他的印度学生发泄心中郁积的愤怒。其他印度人也受到古鲁吉愤怒的责骂。但是，他们觉得古鲁的这些愤怒，显示古鲁把他们当成了自家人，都默默承受了下来。除了最亲近的人，你还能向谁表达你的失望和恐惧？即使这种失望和恐惧是用愤怒的语言表达出来，印度人在心里也会把它理解为一种亲密的表现。

　　这件事过去 15 年之后，在给丹的一封信中，古鲁吉依然流露出他心中的伤痛。"他们对我无情的攻击持续了几个小时，当时你在旧金山，从印度来的学生没有一个站出来指出这种攻击是荒谬、不公平的。那些人离开了我，仍然用从我这里所学到的知识去教学，但是却公然与我作对，反对我的教学方法，声称他们的方法是正确的，而我所教的方法是错误的，不适合西方人。"

在丹看来，古鲁吉的愤怒是不必要的。当古鲁遭受攻击的时候，她并不在会议现场。为了阐明自己的立场，她写信给古鲁，告诉他，"你的一些忘恩负义的外国学生对你进行无耻的攻击"时，她没有在场，她说："我诅咒自己的缺席，对此，我永远、永远、永远感到自责。"

随着艾扬格社团在西方的规模逐渐扩大，竞争、讥讽和冲突也以同样的比例增长，许多 20 世纪 50 和 20 世纪 60 年代在艾扬格手下接受培训的早期教师已经离开了。在 1959 年曾经宣称艾扬格是神的诺埃尔·佩雷斯，也开始谴责艾扬格瑜伽练习不具有灵性元素，并创立了自己的瑜伽学校——超健康学院（Institut Superieur Aplomb）。1964 年，多娜·霍勒曼（Dona Holleman）在格斯塔德遇到艾扬格。22 岁时，她决定成为一名瑜伽老师，于是她继续前往浦那学习，成为艾扬格欧洲的早期老师之一。到 1980 年，她也与艾扬格社团撇清关系，声称他们"失去了早期的那种精神，（已经开始）以商业和政治为导向"。

从旁观者的角度来看，范·库腾爆发的愤怒是直接针对艾扬格的，与其说因为艾扬格对范·库腾治疗不当，不如说艾扬格没有给予他足够的重视。梵克·比瑞亚——

这个多血统、长得像子弹的男人，则完全获得了艾扬格的欢心，成为他在欧洲最宠爱的"儿子"。这种权利的提升会对每个相关的人产生经济和情感上的影响。艾扬格的瑜伽组织已经发展得太大了，不可能成为一个幸福的家庭，它的表面已经开始出现裂痕。这给作为大家长的艾扬格带来了痛苦。

范·库腾的攻击让艾扬格感到自己很脆弱。他对他人的信任已受到侵蚀。在下一阶段的巡回教学中，贾瓦哈尔和比乔受到冷落，被组织方安排到离古鲁吉很远的另一个家庭居住，这让古鲁吉感到不舒服。当被告知没有多余的卧室安排给他们时，古鲁吉坚持要求贾瓦哈尔和比乔与自己一起睡。他们遵从了古鲁吉的要求，他们很乐意与古鲁吉在一起，只要有地方住就行，他们愿意睡在地板或沙发上，他们尽最大的努力让古鲁吉感到舒服。

他们很清楚古鲁吉喜欢早上喝咖啡。艾扬格眼中的完美咖啡是将热气腾腾的开水倒入现磨好的咖啡豆中冲泡而成。冲好之后，就无须再进行加热了。相反，牛奶则要加热到很高的温度，然后放进半勺糖，再将它们放进之前冲好的咖啡里——当他刚起床的时候，喝一小杯，做完瑜伽练习后，则需要喝稍微大的一杯，古鲁吉说这是"他唯一的恶习"。

当他完成调息练习，晨浴完毕之后，他们两个中的一人就会递给他一杯咖啡。然后，古鲁吉开始和他们谈起过去的时光。对于这两个小伙子来说，这些都是弥足珍贵的时光，他们觉得这些谈话影响了他们的一生。

他们有亲近艾扬格本人的机会，见证了古鲁吉能够根据所扮演的角色调整自己的言行——表演时，他是完美的艺术家；教学时，他是卓越的科学家；练习时，他又成了哲学家。

当古鲁吉在浦那的瑜伽学院练习时，人们经常要站着围成一圈，将他守护好，这样就不会有人靠近他。原因是他在练习瑜伽的时候是完全投入、进入沉思，几乎完全达到无我的状态。这时候，他们所熟知的伟大、活泼的公众人物就变成了一个圣徒。

在随后的行程中，古鲁吉在玛丽安·加芬克尔家为即将到来的表演进行练习，比乔和贾瓦哈尔目睹了这一场景。表演是在玛丽安家的泳池旁进行的，这是一场激动人心的表演，古鲁吉做完了《瑜伽之光》里的所有体式。他们可以看到古鲁吉的气场越来越大，足以慑住在场的每一个人。

古鲁吉对自己关爱的人好得不得了。就像大多数人对待自己深爱的人一样，他的每个学生都想独占古鲁吉的关爱。人们会嫉妒这两个与古鲁吉如此亲密的小伙子，他们随侍于古鲁吉的身边，时刻照顾着他的需求，让他满意。当到达加拿大时，古鲁吉被告知，除了他之外，没有为其他任何人提供预算。古鲁吉明确地告诉他们，他和这些男孩子从印度一路同行，除非他们能够随行，否则他也不会去。

梵克回忆道，在他们踏上欧洲之旅前往荷兰时，也上演了同样的一幕。他们通知古鲁吉，他将受到招待，但梵克不会。古鲁吉坚定地告诉他们："他一直陪着我旅行。如果他不能去，我也不会去。"

后来，在旅途中，他们在月光中顺河而下，凝望着星罗棋布的天空，古鲁吉说："喂，比瑞亚，你读过《摩诃婆罗多》，知道坚战和他的狗的故事吗？"

比瑞亚咯咯地笑了起来，他当然知道古鲁吉的言外之意。在《摩诃婆罗多》的结尾，当般度族人迈向天界的时候，有一只忠诚的狗与他们同行。当抵达天界大门时，坚战应邀进入因陀罗的战车。当他试图带着狗进入天界时，却被告知狗是不允许进入天界的。所以坚战说他也不会进入天界，因为他不能抛弃他忠诚的同伴。听到坚战如此说后，那只狗变回到原始的形态，变成达摩拉吉（Dharmaraj，正义之神），并祝福坚战，坚战随后乘坐因陀罗的战车进入天界。

古鲁吉借此称赞了比瑞亚的忠诚。古鲁吉和比瑞亚二人静静地躺着，漂浮在青灰色的河流上，天上的星星朝着他们微笑。比瑞亚感到很幸福……

　　除了瑜伽教学，古鲁吉对任何形式的冒险都有一种渴望，所以无论是速度最快的火车还是最高的建筑，无论是最恐怖的过山车还是乘直升机飞越火山口，他都要去体验一下。

　　他们在参观迪斯尼乐园的时候，过山车上有一个警示标志——60岁以上的人不宜乘坐。古鲁吉看了看牌子，说："这个不适合我。"他当时已经年过60，所以随行人员很高兴他没有打算去冒险，然后，他们看到他去排队，并且平静地去坐过山车。其实古鲁吉的意思是说那个警示标志不适用于他。毕竟，他不是一个普通的66岁老人。

　　当他们参观大峡谷的时候，古鲁吉无法抗拒悬崖边缘的诱惑，他爬到一个看起来特别危险的悬崖边，做出了头倒立式。他将头倒立式保持了很长一段时间，直到有消息在游客中传开，说有一个人站在悬崖边上做头倒立。当游客们四处寻找做头倒立式的那个人时，古鲁吉已经不再做那个姿势了，他带着一贯的调皮，装着若无其事的样子。"哦，是这样吗？"他说，"这个人在哪里？来吧，我们去找找，我也想见见他。"

　　古鲁吉的一个学生赞助他们穿越大峡谷的私人飞机之旅。那是一架很小的飞机，过道的每一侧只能坐一位乘客。当飞机开始向一侧倾斜时，古鲁吉对有点胖的杰思敏说："喂，杰思敏，飞行员说你坐的那一侧太重了，希望你换到另外一侧坐下。"杰思敏没有意识到艾扬格在开自己的玩笑，她顺从地挪到了飞机的另一侧，古鲁吉像个淘气的孩子一样哈哈大笑。

梵克和比乔都谈过古鲁吉闪电般敏捷的左手。古鲁吉天生是左撇子，但迫于社会的压力，他还是用右手做事。通常，当他们一起吃饭时，如果有人给古鲁吉上了他不太喜欢的菜，在大家不知道的情况下，他就已经神不知鬼不觉地用左手把那盘冒犯他的食物挪到旁边学生的面前。然后他看着大家，调皮地眨着眼睛，说："你们这些家伙为什么不吃光盘里的东西？看看我吃得多干净。"

20 世纪 80 年代的欧洲

20 世纪 80 年代，古鲁吉访问欧洲时，陪同他的有比乔、贾瓦哈尔和梵克。他们坐在装有暖气的汽车里飞驰。古鲁吉向他们展示了他当初住的地方，以及每天从宾馆到梅纽因家的路线。古鲁吉估计单程距离大约有 10 ~ 11 公里。当他们查看里程表时，发现正是 10.7 公里，这些男孩子们都激动得热泪盈眶。梅纽因和克里希那穆提从没有问过他每天是如何前往授课的，一次也没有给他提供过便利。但古鲁吉放下了自尊，接受了这一切。他做这一切都是为了他的家人，也是为了瑜伽。

因为没有素食，古鲁吉经常挨饿，他曾经靠面包和牛奶度过很多天。梅纽因将古鲁吉介绍给全世界，古鲁吉把他当作自己的导师，但是梅纽因并没有以同样纯粹的方式回报这份感情。

1986 年，在给丹·帕尔契瓦拉的一封信中，古鲁吉承认自己感觉欧洲人在利用他。他说："我讨厌人们误以为我软弱可欺，把我当成物品。我在法国和比利时的日程被他们排得满满的，他们也完全不征求我的意见，这让我有点难过。他们让我连喘息的时间都没有。"古鲁吉的结论是："他们用甜美的语言对我进行巧妙的压榨。"但古鲁吉不能让欧洲各地的追随者失望，所以尽管日程安排不合情理，他还是屈从了。

欧洲各国都为艾扬格安排了示范表演，梵克自愿开车送他的古鲁前往各地。他们开车行进成百上千公里，跨越瑞士、德国、荷兰、法国和意大利。这时候梵克开始了解到古鲁吉严厉外表下慈悲、热情的灵魂。

梵克介绍说，一旦古鲁吉接纳某人为朋友，就会对他十分忠诚。有一次，他们计划去罗马参加下一个活动。当时，古鲁吉以前在维罗纳的一位学生告诉他自己生病了，不能去见古鲁吉。这位学生问古鲁吉能不能抽出时间去看他。古鲁吉把决定权交给梵克，梵克很乐于成全古鲁吉，他规划出最短的路线，打算先去维罗纳，然后再前往罗马。那时人们用的还是纸质地图，给旅行带来翻天覆地变化的 GPS 还没出现。直到看到瑞士和奥地利边界的标志，梵克才意识到这条捷径需要途经奥地利。当他们到达边境时，因为没有去奥地利的签证，边境当局拒绝让他们通过。梵克恳求道："只有 11 公里。"但那些人毫不让步。

于是梵克和古鲁吉商量，打算改变原来的计划。古鲁吉说："他在等我们。我们必须去。"因此，他们改变了路线，多走了几百公里，因为古鲁吉想信守对生病学生的承诺。他们在下半夜才抵达目的地，古鲁吉花了几个小时告诉那个学生该如何进行练习，几乎没有合眼，他们又回到了去罗马的路上，前往参加下一个活动——那里有数百人在等着他。

古鲁吉非常喜欢芳达·史卡拉维利的儿子。这个小孩叫阿尔贝托（Alberto），是一个数学天才，据说受到克里希那穆提的压力，后来成为一名律师。因为受到束缚，这个孩子烦躁不安，后来逃跑，坐船去了美国。克里希那穆提影响大，人脉广，很快就找到他，阿尔贝托再也无法逃脱，因为当时他还是一个未成年人，所以被带回家了。虽然古鲁吉也对这个男孩抱有很大的期望，认为他有潜质成为一位瑜伽大师，但阿尔贝托最终却在一家毫无前途的银行工作，让所有人的希望都落空了。古鲁吉和阿尔贝托的关系很好，他逐渐被这个可爱、敏感的男孩视为父亲。后来阿尔贝托不幸早逝，在他生前，每次古鲁吉在夏天去巴黎的时候，都会邀请他去城里唯一一家名为纳特拉吉（Natraj）的印度餐厅，和他一起吃豆糕素辣粉（idli-sambhar）。

一个意大利电视摄制组受国家电视台委托采访古鲁吉。负责采访的是一位入职不久、非常有魅力的意大利女孩，她的名字叫芭芭拉（Barbara）。这是一个现场直播的节目，所以需要精心准备。古鲁吉要在节目中进行瑜伽演示，随后会有观众进行电话提问。古鲁吉在演示中穿的是鲜艳的短裤，演示完后，立即就要换上正式的衬衫和腰布。即使在正常的情况下，穿腰布也是一项复杂的操作，但是古鲁吉的腰布是马哈拉施特拉和南印度的混合风格，穿起来更加困难。因为后台狭窄，换衣服的时间又短，完成这个操作几乎不可能。古鲁吉说，如果比瑞亚能去后台帮忙，他就能在短时间内换完衣服。经过短暂而紧张的演示后，古鲁吉闪电般地换好了衣服，节目无缝切换到问答环节。演示一结束，电话就开始响个不停。

在节目中，其中一个观众的问题是："为什么古鲁吉总是声称自己是最棒的？"古鲁吉用他特有的幽默坦率地说："多年来我一直在寻找更好的人，这样我就可以拜倒在他的脚下，向他学习，但我还没有找到这样的人。"

这次的节目按照计划完美地结束。自己的第一个任务如此成功地完成，这位年轻的制片主任感到非常激动。当她看到古鲁吉和比瑞亚时，她本能地迎着他们走来，张开双臂，准备用拥抱和亲吻来表达对古鲁吉的感激之情。当走到古鲁吉跟前时，她可能意识到这样的行为不是很妥当。尽管如此，她仍然情绪高昂，必须要以某种方式表达出自己的喜悦。她把注意力转向站在古鲁吉身边的梵克，原本要献给古鲁吉的亲吻和拥抱，落到了梵克的身上。古鲁吉平静地看着这一幕真情流露。第二天，当他们与芳达·史卡拉维利共进早餐时，芳达说："这是一个精彩的节目。大家都喜欢看。你觉得如何？"古鲁吉眨了眨眼睛，说："我不知道。我受苦受累，但是梵克获得了美女的香吻。"

古鲁吉在意大利大获成功后，梵克开车将他载回法国。那是复活节的晚上，但他们感觉像是在重演基督在伯利恒出生的那一夜——每个旅店都没有空房。他们花了几个小时，开着车到处寻找住处。古鲁吉一点也不着急。"这就是生活。"他说，"在边境那边，我是举国仰慕的英雄，而在这里，我们连睡觉的地方都找不到。"比瑞亚越来越着急。最后，他走进一家豪华酒店，这家酒店曾经为戛纳电影节举办过红地毯秀。比瑞亚想订一间单人房。酒店有空房，但价格却是天文数字。他走出酒店，兴高采烈地告诉古鲁吉酒店有空房住。古鲁吉从外面看到了这家酒店富丽堂皇的大门。"房间的价格是多少？"他问比瑞亚。比瑞亚告诉他，价格并不重要，因为第二天他们将去古鲁吉的学生家。不管怎样，这笔开销由组织方负责。另外，只是住一个晚上而已。这次的旅行横跨欧洲，漫长而艰辛，在表演的间隙，古鲁吉真的需要休息，因此他一度停止了抗议。"房价是多少？"他后来又问。当比瑞亚说出那个骇人听闻的数字后，古鲁吉将他的手轻轻地放在比瑞亚的大腿上，说："听我说，孩子，在我们的国家，数百万人在大街上铺着报纸席地而睡。付这个价让我住这样的酒店，我无法入睡。我很抱歉。"

他们决定睡在车里。但是市区不允许停车睡觉，所以他们将车开到郊区过夜。睡觉之前，他们需要找个地方清空膀胱。当时是凌晨 4 点，所有地方都关门了，他们找不到厕所。"你看，如果在印度，我们可以在任何地方停下来方便。西方人把生活搞得如此复杂。"古鲁吉笑着说。

那天晚上唯一开放的地方是一家夜总会。古鲁吉说："在这种地方，我们不能说我们要上厕所。我们得告诉他们我们想喝一杯。"

于是他们走了进去。古鲁吉穿着印度传统的衬衫和腰布，额头上画着一条长长的红色种姓标记，他的跟班是又矮又胖的伊朗裔俄罗斯人——梵克·比瑞亚，他带有明显的法国口音，让事情变得更复杂的是，他开始显摆自己的"种姓标记"。很显然，两人在入口处被人拦住。对方问他们想要什么，他们诡异地要牛奶，但是被告知："不，我们没有这种东西。""我们可以用一下洗手间吗？"他们终于开门见山地问。"不行。"随后他们就被几个身材强壮的门卫带出去。古鲁吉的第一次夜总会之旅就这样不体面地结束了。

他们的目的还没达到，但开了几圈车之后，他们终于找到了一家营业的咖啡馆，这里可以给他们提供热巧克力，还允许他们上厕所。

他们开车出了城，找到了一个不会被警察发现、可以停下来睡觉的地方。他们放倒座椅，披上披肩，安顿下来过夜。比瑞亚整晚睡得像个婴儿，早晨被附近垃圾桶碰撞声吵醒。他发现身边的古鲁吉已经完全醒过来，正在车座上做一些伸展运动。"睡得好吗，古鲁吉？"他问道，让古鲁吉在大街上睡一晚让他不安。"你怎么能指望我睡得着？"古鲁吉说，"你从闭上眼睛到现在，一直在打鼾。"比瑞亚很尴尬，他的脸红了。他有两个罪过——他在晚上不仅没有给古鲁吉提供床铺，而且还吵得他睡不着。

在他们欧洲之旅的途中，古鲁吉和比瑞亚打算从多佛前往比利时。因为指派的司机迟到了，他们到达渡轮码头时，渡轮正在驶离。整个瑜伽团队都沮丧而叹息，因为古鲁吉原计划当晚在比利时表演并发表演讲。他们与相关工作人员核实后发现，次日才有渡轮发往比利时。看到这群杂聚在一起的人——其中有些人衣装奇特——都在手足无措地为渡轮时间协商，其中一名工作人员决定提供帮助。

"这艘渡轮将开往下一个港口，计划在那里停靠10分钟。你们可以乘车去那里，请求负责人让你们登船。虽然违反规定，但这可能是你们能按时到达比利时的唯一方法。"

包括古鲁吉在内的瑜伽团赶紧回到车上，以最快的速度前往下一个港口。抵达之后他们发现，那里根本不是客运港口。

他们提着行李箱，冲进了巨大的工业电梯。在混乱之中，古鲁吉的一名英国瑜伽学生席尔瓦·梅塔似乎走丢了。过了一会儿，当她拿着为大家准备的食物回来时，其他人都不知道该生气还是感激。

他们走到前台。前台工作人员正低着头，忙着在柜台下面看什么东西。他抬起头，因为被人打扰而恼火。

　　大家摆出一副可怜巴巴的样子，哀求道："这是一位来自印度的瑜伽大师，他必须在今晚到达比利时，那里有许多人在等着他。我们知道通常不能这样做，但您能帮我们一个忙，让我们从这个港口上船吗？"

　　这位前台工作人员抬头看着他们。然后盯着古鲁吉看了很久，让人觉得很失礼。他的目光继续停在古鲁吉身上，缓缓地说："除非他给这本书签名。"他把那本他刚才在阅读的《瑜伽之光》放在柜台上，让古鲁吉签名。所有瑜伽团成员的脸上都露出了如释重负的微笑，他们发现，在这个寒冷的英国港口，居然有一位古鲁吉的粉丝。

　　在渡轮上，几个年老的澳大利亚女士对古鲁吉的皇家丝织衬衫、腰布和他身上散发的魅力很着迷，她们问瑜伽团成员，这个人是不是某个宗教的大祭司。当有人告诉古鲁吉这些老太太似乎对他很着迷时，他免去了一切繁文缛节，热情地邀请她们参加这个印度式的宴会，并与她们分享席尔瓦大费周章买回的食物。

　　比乔记得，有一次在美国机场，一位陌生先生走到古鲁吉面前，说："先生，我会看面相，你有一些特别的地方。你是谁？"

　　在课堂上，他会凭直觉感知到能量场的扰动，并且在别人没有告知的情况下，能够指出问题的所在。1994

年，露丝·菲斯珂把 9 个月大的孩子泰勒（Tyler）交给保姆照看，然后前往安娜堡参加艾扬格瑜伽大会。露丝当时已经教了好几年瑜伽，但因为孩子的缘故，她中断了教学。她参加了帕特西亚·瓦尔登（Patricia Walden）在壁球场举办的高级瑜伽课程。古鲁吉和他的随行助理从一个教室走到另一个教室，巡视并纠正大家。他大步走进房间，虽然身材矮小，但是气场很大。整个房间荡漾着一股颤动的波浪。他一走进房间，就用低沉的声音说："为什么那个女人要做侧角式（Parshvakonasana）？"他怒不可遏。他看着帕特西亚，又重复了一遍："为什么这位女士要做这个体式？"他一边走向露丝，一边问："你不知道她刚生完小孩吗？"这次来到安娜堡之后，古鲁吉从未见过露丝。进入教室几秒钟后，他从露丝的能量场中判断，她刚刚经历了一次艰难的分娩。他立刻行动起来，要了一把椅子、一个立方块和一个长枕头，让露丝尽可能处于一个舒服的姿势。他连珠炮似的对帕特西亚进行指导，告诉帕特西亚该怎么做才能让露丝恢复健康。在帮露丝靠墙倒立时，古鲁吉用温和的语调问："孩子怎么样了？"然后，更加温和地问："你感觉怎样？"露丝以前只听过关于古鲁吉如何粗暴的故事，现在，她完全被他的慈悲和温柔所感动，开始轻声哭泣。她回答完后，古鲁吉用他带着口音的英语简洁地说"很好"，然后大步走开，去帮助别人。

多伊斯·罗伊斯（Doyse Royce）初次在瑜伽课上遇到古鲁吉时已经 78 岁了。他努力做出一个特别的体式，但在众目睽睽之下，他跌倒在地板上。他尴尬坏了，简直要哭出来，也准备好接受古鲁吉的愤怒。但是，古鲁吉走过去对他说："不要沮丧，这是一次很好的尝试。"然后，他转向所有学生说："这才是正确的跌倒方式。"一分钟之前，失败的泪水还在眼眶里打转，而现在，罗伊斯立刻兴奋起来，他的古鲁刚刚夸他表现很好。做体式的时候跌倒了又有什么关系呢？

勋章和其他的喧嚣

当年少单纯的艾扬格在 1949 年第一次见到 B.G. 克尔时，这位部长预言艾扬格在晚年将会得到政府的承认。即使在当时，艾扬格的激情和能力也引起了这位厌倦官场的政治家的注意。众所周知，克尔是一个诚实和真诚的官员，但他具有政治家的天性，更愿意慷慨地给予家人和朋友好处。虽然如此，他还是看到了这位年轻瑜伽行者身上的火花，相信他总有一天会得到认可和嘉奖。

直到 1991 年，艾扬格才得到印度政府的认可。1991年，他获得莲花士勋章（Padma Shri），2002 年又获得莲花装勋章。2014 年 3 月，就在他去世前几个月，他被授予著名的莲花赐勋章（Padma Vibhushan）。

　　如果你熟悉印度的政治历史，你可以从中看出一个规律。艾扬格的每一个国家奖项都是人民党执政期间获得的。批评者很快指出，艾扬格获得这些奖项是因为他与印度人民党杰出领袖、人力资源开发部部长穆利·马诺哈尔·乔希（Murli Manohar Joshi）有交情，乔希的女儿妮维蒂塔（Nivedita）是古鲁吉的长期追随者。后来，她成为一名忠实的艾扬格瑜伽老师，她因脊椎受到功能性损伤来找古鲁吉，世界各地的医生对此都束手无策，但古鲁吉治愈了她。

　　关于国家奖项的历史争论漫长而曲折。印度宪法的制定者们加入了18（1）条款，废除所有头衔，以埋葬英国向他们的支持者颁发头衔的制度。后来，"国家勋章"的设立使这一条款无法实施，国家勋章因与政治恩庇和裙带关系变得臭名昭著。

　　掌握政权的每一届政府都有自己的政治考量，就像每天早上的刷牙一样，这已经变成了稀松平常的事实。对印度人民党来说，给一位瑜伽大师颁奖符合该党印度民族主义（Hindutva）的议程。尽管瑜伽超越了宗教和种族的界限，但印度人民党对瑜伽艺术的传播是为了让它具有"印度教"（Hindu）的特性。

　　印度人民党给古鲁吉颁发这些勋章有可能是为了达

成他们自己的目的，同时也表达对古鲁吉治愈妮维蒂塔
的感激之情。这是世界上大多数国家政党运作的方式。

谈到古鲁吉所获得的勋章，更重要的问题不是这些
勋章是由哪个执政政府授予的，而是他是否真的配得上
这个国家的最高荣誉。任何人不能否认的事实是，他获
得这些勋章实至名归。

事实上，大多数人都觉得印度政府在认可古鲁吉这
件事上进度非常缓慢。直到他在国外赢得了赞誉之后，
印度媒体和政府最终才认可了他的成就。

早在1969年，艾扬格瑜伽就被内伦敦教育当局纳入
成人教育体系。

受到古鲁吉在费城哈弗福德学院（Haverford College）
表演的启发，美国雕塑家罗伯特·恩格曼（Robert Engman）
创作了一件名为"以艾扬格之名"（After Iyengar）的雕
塑，并在宾夕法尼亚一个名为莫里斯的植物园（Morris
Arboretum）的公共花园展出。在看完艾扬格的表演之后，
他说："这绝对是我这辈子见过的最不可思议的身体和精
神展示。"

1985年，古鲁吉应时任巴黎市长雅克·希拉克的邀
请，参加了在法国举行的印度节。

2004年，《时代》杂志将艾扬格列为世界上最具影
响力的100人之一。文章谈到艾扬格时说："他的哲学是

东方的，但他的愿景是世界的。"

《牛津词典》有一个庞大的研究团队，他们通过检查最近的文章——从歌词、流行小说到科学期刊——不断监测各种词汇。在这个研究过程中，他们找到出现频率最高的词汇，然后挑选出他们认为最重要的并且不会随着潮流变化而消失的词汇。2010 年，《牛津词典》收录了"艾扬格"一词。

《牛津词典》将名词"艾扬格"定义为：

"哈他瑜伽的一种，注重身体的正确摆放，利用皮带、木块和其他物体来帮助实现正确的姿势。

"来源：它是以设计出此种练习方法的印度瑜伽老师 B.K.S. 艾扬格的名字命名的。"

当年打算被收入词典的另外两个词是 chillax（冷静并放松）和 staycation（在家度假）。通过比较使用频率，"艾扬格"轻松胜出。

在他生命的最后，古鲁吉已经在全球 72 个国家拥有瑜伽中心。艾扬格系统要求在体式中保持精准和觉知，如今被认为是世界上最重要的瑜伽流派之一。

如今，艾扬格瑜伽已经成为最流行的"瑜伽品牌"，这个名称不是他自己选择的，而是强加给他的。艾扬格认为瑜伽博大精深，仅仅凭借个人很难把握。但是人类喜欢区分和标记。我们喜欢凭空筑起高墙。对"艾扬格"，我们也是如此。

瑜伽这个词来源于梵语词根"yug"，意思是"结合"，但人们却用这个词创建了无穷无尽的分离。不同瑜伽流派之间的竞争与足球队或板球队之间的仇视不相上下。在瑜伽流派之间甚至找不到体育竞技中出现的表面礼仪。各个瑜伽流派因为细枝末节上的差别互相贬低——体式名称的微小差别、拜日式的姿势顺序、需不需要用呼吸来配合体式、创始人的恶行以及瑜伽附带的灵性光环……每个流派都宣称自己更优越，并对其他流派的学院和练习方法表示不满。这些人让人失望、使人不再抱有幻想，他们中的多数人不去庆祝全人类灵性的统一，而是在彼此之间筑起高墙，将敌对瑜伽团体的成员拒之门外。

20世纪90年代，好莱坞名人开始拥抱瑜伽，使这门古老的科学具有一些明星的特质。像麦当娜（Madonna）、斯汀（Sting）、莎拉·杰西卡·帕克（Sarah Jessica Parker）和克莉丝蒂·杜灵顿（Christy Turlington）这样的名人都成了瑜伽艺术的新晋大使。人们投身于瑜伽，更多的是因为它对身体的影响，而不是它对精神的影响。瑜伽的体形特征是又高、又软、又瘦，突然间，每个人似乎都想练习瑜伽了。

随着古鲁吉每一次到国外出访，瑜伽学员的数量就会增加。再也没有人会让古鲁吉给其他重要人物让路了。无论他走到哪里，都会有成群的人等着他；无论他走到哪里，都有与他素未谋面的人认出他来。人们会突然靠近他，拜倒在他的脚下。当他去航空公司柜台告诉工作人员他的名字时，他们会说："那个瑜伽大师？"确定自己正和伟大的瑜伽大师本人进行对话时，他们受宠若惊。

　　如同在他出生的时候，流感在世界各地肆虐，艾扬格瑜伽带来的积极影响正席卷全球，向世界传播幸福和健康。

23 - 瑜伽社团的增长

　　2002 年，艾扬格被授予莲花装勋章，在接受勋章之前，他访问了孟买，因为当时在帕雷尔（Parel）新开的艾扬格瑜伽中心（Yogashray）已经开始经营了。他很久没去孟买了，日程安排得很紧凑。

　　早晨，他在提卓瑞拜（Tijoribhai）的家里练习了很长时间的瑜伽，然后，应主人之邀，在斯瓦提小吃餐厅（Swati Snacks）吃早餐。他的学生们安排他去全天域立体影院观看电影《珠穆朗玛峰》（Everest）。由于孙辈们也和他一起去电影院，他们也订了最新的哈利·波特电影票。大家问古鲁吉经过一天漫长的工作，是否需要休息一下。他坚持说不用休息，并陪大家一起去看电影。连看两部电影之后，提卓瑞拜邀请他们共进晚餐，庆祝古鲁吉获得莲花装勋章。结束之后，已经是晚上了，他们想陪古鲁吉回家休息。"不，"他说，"孩子们还没有去焦帕蒂（Chowpatty）。"到了深夜，他们一行人前往焦帕蒂海滩探险。古鲁吉当时已经 84 岁了，像他这样年纪的人需要一个星期完成的事情，他在一天之内就完成了。

后来，他再次访问孟买的时候，比乔问他想做什么。因为对过去的孟买之行有着美好的回忆，古鲁吉想进一步探索这座城市。"别带我去参观神庙。"他说，"所有人都要带我去神庙。"

比乔带他参观了纳加尔海军基地（Navy Nagar），这是镇上一个安静、绿树成荫、与世隔绝的地方，专门用作印度海军的办公和住宅区。古鲁吉很高兴能到那里去，因为他以前从未来过孟买的这个地区。有人问他要不要吃点什么，他问："这里有什么好吃的？"人们带他去泰姬（Taj）附近喝甘蔗汁，这里的甘蔗汁以"原汁原味"而闻名。在古鲁吉严厉苛刻的外表下，他们发现了一个随时准备冒险的小男孩，而且他一点也不难取悦。

1998 年，瑜伽之光研究基金会（Light on Yoga Research Trust）计划为古鲁吉的 80 岁生日举行盛大的庆祝活动。他们决定在浦那城外不远的巴勒瓦迪（Balewadi）举行庆祝活动，这样，参加者就可以在古鲁吉教学区域附近的宿舍住下。当时这些设施还没有完工，但当局承诺，到古鲁吉生日那天肯定会一切就绪。不幸的是，印度政府体现出了他们一贯的行事作风——负责工程的人卷款逃跑，而那些房屋还没有完工。外国学生已经交纳了 500 美元的住宿费和学费，由于宿舍没有按照计划完工，古鲁吉坚持要求参加者住在浦那的旅馆里，这样就会造成一笔巨大的开支。

即使如此，古鲁吉依然说，既然已经承诺给他们提供住宿，我们必须做到。机缘巧合的是，当时卢比贬值，从之前的1美元兑换35卢比变成了1美元兑换45卢比，基金会收到的美元资金比前一年更值钱了。这不仅足以弥补额外的住宿成本，还能够给基金会带来一笔不小的收入。后来，基金会在孟买买下了一块地产，并打造了这座城市的第一座艾扬格瑜伽中心（Yogashray）。

古鲁吉非常希望基金会耗巨资建设的这个瑜伽中心成为一个自给自足的机构。经过一段时间的追踪观察，他发现这个中心运营得很好。事实上，瑜伽课程的收费自创立至今并没有增加，采取这个理念是为了让普通家庭能够负担得起上课的费用。古鲁吉的关注点一直是家庭。他还确保瑜伽老师的配偶总能和大家一起度假和野餐，从而营造出家庭氛围。

拉拉杂杂的记忆

库莉的女儿纳瓦兹谈到古鲁吉从欧洲旅行回来之后，看起来越来越时髦了。在某次旅行之后，他穿着鲨鱼皮衬衫和裤子，华丽地回到印度，让他的浦那学生目瞪口呆。从腰布（veshti）和束发一直演变到现在的穿着，他经历了漫长的过程。

当纳瓦兹还是个孩子的时候，她记得在大人们交谈的时候，她会故意走过去，试图从他们说的话中偷偷攫取若干内容。其中一个特别有趣的事情是，在妻子去世后，古鲁吉开始和纳瓦兹的父母谈论欧洲女性的行为方式。那些女士经常扑向他，让他目瞪口呆。虽然没有表现出来，但是直到离开人世，古鲁吉的心里一直装着拉玛，他很容易就抵挡住了那些女士的进攻。

他后来告诫他的学生——将要去美国和欧洲教学的阿迪尔："对那些女人要非常小心。我当年去欧洲的时候，她们爱上了我，想让我跟她们走。"阿迪尔能感觉到古鲁吉的道德受到了这些行为的伤害。"难道他对学生的严厉态度也是为了让他们安分守己吗？"阿迪尔推测，"也许这样的经历在某种程度上影响了他的教学方法。"

应印度政府的邀请，古鲁吉曾经前往瑞诗凯诗（Rishikesh）进行教学。他在那里待了 3 年，所教的学生完全是新手，但是他像是对待教了几十年的老学生那样严格要求他们。在第三天的时候，他就要求他们所有人做头倒立式。

在美国教瑜伽的布莱恩·莱格尔（Bryan Legere）靠为人们设计的"瑜伽墙"谋生。他的瑜伽墙上布满了皮带和绳子，看起来像是中世纪酷刑室的墙壁，但这些设备实际上是全球各地艾扬格瑜伽室的必备之物。

布莱恩曾多次前往印度浦那的拉玛玛妮·艾扬格瑜伽纪念学院学习，1996 年，古鲁吉第三次访问瑞诗凯诗（当时是北方邦的一部分）的时候，他是随行的西方人之一。他饶有兴味地回忆道，该邦的一位政界领袖走上前台，对古鲁吉大加赞扬，并坚持让他第二年再来。古鲁吉一如既往地不卑不亢，他感谢对方的赞美，但回复说，随着年纪越来越大，他已经不太想承担如此辛苦的工作了。

这位政客重新回到前台，再次称赞古鲁吉的指导非常棒，学生们也兴致勃勃，他真的希望古鲁吉第二年再来。古鲁吉又站起来，感谢他的美言，并说他已经连续 3 年来参加盛会，不打算再来了。

这位政客第三次站起来，说："古鲁吉，你必须再来。我无法接受你的拒绝。"在场的观众全都屏住了呼吸。

古鲁吉说："先生，你是瑜伽的狂热追随者，但是我在瑜伽课上并没有看到你。"

那个政客尴尬得说不出话来。他的助手悄悄地走了过去，用尼赫鲁夹克的领子遮住他的脸。布莱恩心里不知道他是想掩饰自己的尴尬还是笑容。

瑜伽开启了新世界

瑜伽正以一种前所未有的方式传遍全世界。斯大林时期最著名、最美丽的电影明星之一塔季扬娜·奥库涅夫斯卡娅（Tatiyana Okunevskaya）说，她是靠吃胡萝卜和练瑜伽熬过了"古拉格"集中营的日子。20世纪80年代初，瑜伽在俄罗斯只能在地下活动。瑜伽练习者在私人住宅秘密练习，如果被发现，他们很可能会被逮捕。20世纪80年代末期，俄罗斯突然对非传统的治疗方法产生了兴趣。心理学博士生埃琳娜·奥列戈夫娜·费多托娃（Elena Olegovna Fedotova）就是这一领域的探索者之一。在俄罗斯卫生部的资助下，她前往印度学习意识状态的变化。她遍访印度各地的静修处和瑜伽学校，最后遇到了古鲁吉。她非常高兴，立刻邀请他去莫斯科参加俄罗斯第一届全国瑜伽大会。

当俄罗斯领事馆的官员们发现他们的政府资助了一个"瑜伽士"去俄罗斯时，他们对艾扬格感到非常好奇。俄罗斯政府竟然心甘情愿花钱买机票邀请一位瑜伽士，每个人都想一睹这位大师的风采。

费多托娃前往机场迎接古鲁吉。古鲁吉到达的那天早上，雨下得很大。当古鲁吉走出候机大厅时，在机场工作人员的众目睽睽之下，费多托娃倒地便拜，完全没有注意到双膝浸在了水坑里。

在俄罗斯，虽然有许多人开始相信艾扬格瑜伽的好处，但还是无法获得在练习瑜伽时起重要作用的立方块、垫子和皮带。早期的俄罗斯学生只能用土砖、裤带和棉毯辅助练习，但这丝毫不影响他们练习的热情。很快，艾扬格瑜伽中心如雨后春笋般遍布俄罗斯各地。

2011年6月，古鲁吉访问中国，当时他已经93岁了。他每天上两个小时的课，有时延长到3个半小时，有1200人参加。练习大厅有6万平方英尺。古鲁吉来回巡视，监督、指导、帮助尽可能多的人。随行的有他麾下的高级瑜伽教师：比乔、贾瓦哈尔、玛诺索·马诺斯（Manouso Manos）、帕特西亚·瓦尔登、梵克·比瑞亚。

中国政府事先警告古鲁吉，在课程中，不能进行任何印度教或灵性色彩的暗示。前几次课，他没有以传统的"唵"开头，但在第三天，他在开课前请学生谅解，他要向帕坦伽利祈祷。熟悉祈祷文的学生跟着他一起祈祷。

玛诺索认为这是他所见过的最好的一次瑜伽课。他后来说，他觉得这是古鲁吉一生学习成果的精华，很容易被学生吸收。古鲁吉总是倾囊相授，从无保留。但这一次，他以一种前所未有的紧迫感和纯洁性来奉献自己。在某种程度上，古鲁吉可能已经知道这将是他的最后一次。

一天晚上，他们在北京最好的印度餐馆用餐。玛诺索坐在古鲁吉旁边，他们一起闲聊。古鲁吉似乎很累，声音很低。玛诺索觉得自己不该和古鲁吉聊天，这让古鲁吉感到疲惫。过了一会儿，有人来问古鲁吉是否愿意接受记者采访。当麦克风放在他面前时，整个房间都充满了古鲁吉的话。他滔滔不绝地谈论自己最喜欢的话题。没有什么能减弱他的活力——衰老和疾病都不能。只要谈到瑜伽，他就精神抖擞。

24 - 古鲁的无私本色

早年贫困生活在古鲁吉身上播下了慷慨的种子。无论是知识、时间，还是物质财富，他都是发自内心无私地布施出去。

1973 年，他在安娜堡主持首届美国瑜伽大会，随后他把自己赚到的钱捐给了一个麻风病人隔离区——他们没钱购买磨粉机。在古鲁吉的人生旅途中，他曾经多次被人"区别对待"，他知道没有人愿意与麻风病人共用磨粉机，这让他产生了深深的同情。

2001 年，古吉拉特邦发生地震，造成约 2 万人死亡，16.7 万人受伤，40 万间房屋被毁。古鲁吉从浦那的住处装了几车最好的物资捐赠给古吉拉特邦。在谈到那些失去家园的人们时，他说："我们必须将我们最好的物资提供给他们。"

贝鲁村离班加罗尔市有 1 个多小时的路程。人们需要开车经过无序的交通、混乱的安置点和越来越多的工业标志，然后到达 4 号国道，接着要在绿色的田野、棕桐树和外围城镇穿梭 1 小时，最后经过一个毫无特色的拐弯处，才能抵达贝鲁村。那里有一家糖果店，墙上贴着印有艾扬格头像的褪色塑料海报，这是很久以前的庆典留下的残迹，提醒人们沿着道路左拐就是"拉玛玛妮之城"（Ramamaninagar）。

沿着这条小土路走下去，你会经过一家大型灯泡工厂，旁边有一些精心修剪、五颜六色的花坛，里面开满了五龙兰和波斯菊。一群脸上泛着光泽的少年，穿着蓝白相间细条纹制服，悠闲地走进学校。女孩们整齐的双麻花辫上扎着亮丽的红色涤纶丝带，男孩们又高又瘦，步态中显露出青春期的莽撞。

以古鲁吉的妻子命名的拉玛玛妮之城是贝鲁中心（Bellur Centre）的所在地，那里有一家拥有多床病房的医院、一所高中和一所大学，瑜伽是学校的主要课程。当你走进拉玛玛妮之城，迎接你的首先就是好奇的目光。然后有些勇敢的孩子就会靠近你，用蹩脚的英语和你对话，试图询问你这个陌生人到访的原因。

1918 年至 1923 年，古鲁吉住在这里的时候，村子里什么都没有，只有围绕三条街杂乱而建的房子。他们说，村里的那座古庙可以追溯到摩诃婆罗多时代。事实上，这个村庄所在的地方应该是靠近传说中的一轮城（Ekachakrapura）。根据传说，当那些满怀嫉妒的堂兄弟俱卢族人（Kauravas）烧毁了他们的宫殿时，般度族人就是从那里逃出来的。

古鲁吉出生的房子墙壁上如今都贴满了丑陋的玻璃瓷砖。它最初可能是一个泥瓦房，房间和窗户都很小。这是他父亲的婶子的房子，他的母亲谢莎玛在那里生下了他。这件房子现在属于陌生人。古鲁吉自己的家似乎是一个更普通的单间，它的屋顶只用简单的干棕榈叶铺成。住在那里的老太太不明白为什么经常有一些长相奇怪、穿着奇特的人往她屋里瞅。

几步之外的地方就是艾扬格用他在国外的第一笔收入建造的小学。兴奋的孩子们站在外面，摆出姿势让人拍照，但是他们可能永远不会看到这些照片。

当古鲁吉最初想到要发展这个村庄并试图改善村民的命运时，他们很怀疑。他们已经习惯了每隔几年就带着竞选承诺过来，然后就消失不见的政客。如果政府不能改善他们的命运，这个叫作艾扬格的人又有什么办法改变他们的生活呢？现在，看到学校、医院、免费眼部手术流动站、重建的寺庙和一个巨大的水箱后，人们的怀疑变成了尊敬。看到浦那来的游客，许多村民都会向他们要古鲁吉的照片。他们把古鲁吉的照片放在神龛上，放在奎师那和伽内什神像的中间，每天礼拜这个在诸多方面影响他们生活的人。

2005 年，戈温德·拉贾（Govind Rajan）先生开始在位于拉玛玛妮之城的贝鲁中心工作。有一天晚上，他几乎没有睡觉，第二天早上，他像往常一样去见古鲁吉。古鲁吉一看到他，就用泰米尔语问："怎么了，伙计？（Yenna da）你的眼睛为什么这样红？"

还没有等戈温德回答，古鲁吉就立刻把他拉到客房的石阶上——他们通常在这里会面，制订当天的计划。古鲁吉很不高兴，大声地跟他说话。古鲁吉声音中严厉的紧迫感让戈温德觉得自己要挨揍了。古鲁吉把他领进客房，安排他坐在木制的茶几旁。随后，古鲁吉将双手做出商穆克手印，放在戈温德的眼睛上，持续了 8 ~ 10 分钟。10 分钟后，戈温德身体的感受明显不同，不再那么燥热了。他照了照镜子，他的眼睛完全恢复正常，没有一根红丝。

触摸的力量

从最初古鲁吉骑着自行车挨家挨户地在浦那推广瑜伽教学到现在，瑜伽界已经取得了长足的进步。据估计，如今瑜伽是一个价值 2700 万美元的行业，在世界各地有 2000 多万从业人员。

瑜伽练习者正渐渐从简陋的木屋走出来。在加州，有一个叫比克拉姆（Bikram）的人炫耀着自己在比弗利

山庄的豪宅和他的豪华车队。据说他曾说过："我比超人
更厉害。"当被问及他为何要如此夸耀时，他反唇相讥：
"因为我有两个像原子弹一样的球，每个 100 万吨。没有
人与我 ×××（Nobody ***** with me）。"

无论是比克拉姆，还是现代瑜伽革命的招牌人物罗德
尼·耶（Rodney Yee）、动态冥想瑜伽的阿姆瑞特·德赛（Amrit
Desai）、考斯图布·德斯卡查尔（Kaustub Desikachar），甚至
是古鲁吉本人在西方的许多学生都卷入了性丑闻，但这丝
毫没有影响他们的受欢迎程度。比克拉姆有一个可笑的辩
白。他声称，有些学生为了和他上床，不惜用自杀来威胁
他，迫使他就范。他可怜、无助地说："我该怎么办？有时
候，和人发生关系是拯救她生命的唯一途径。"

相形之下，古鲁吉几乎没有任何瑕疵。据说他曾经
说："他们说我爱发怒、粗暴，说我是暴君……你们知道
为什么吗？因为我的人格无可指责。"

在密歇根教瑜伽的露丝·菲斯珂说："即使他扇你耳
光，也是为了促进你能量的流动。"

浦那的瑜伽课程是在拉玛玛妮·艾扬格瑜伽纪念学
院楼上的大厅里进行的。92 岁的古鲁吉正在帮助一位病
人，他是古鲁吉过去的学生，背部出了问题。古鲁吉的
孙女阿比迦塔双手背着放在身后，站在一旁，古鲁吉斥
责了她：

"你们都害怕触摸病人，没有触碰，你怎么知道他的病痛？"他让阿比迦塔去触摸病人的背部，"你只要触摸到病人，就能感受到他身体的振动。在那一刻，你离开你的身体，进入对方的身体。没有什么神秘的。"

古鲁吉调整毯子，把它放在那位先生的头下。他皱着的眉头松了下来。"你必须感受病痛，然后找出解决问题的办法。如果背着手站着，你就帮助不了任何人。"

在当时，古鲁吉已经通过双手的触摸，改变了世界各地人们的生命。

神召回了他

2014年7月，也就是古鲁吉去世的前一个月，德里的摄影师阿迪蒂亚·卡普尔（Aditya Kapoor）被指派为古鲁吉拍照，这将是他生命中的最后一次拍照。这组照片呈现出一位精力充沛、眼神炯炯的老人，他那富有传奇色彩的眉毛已经全白了。在大多数照片里，他只是简单地穿着腰布和衬衫。只是在做瑜伽的时候，他才穿上亮丽的红色瑜伽短裤。在其中一张照片中，他以挺尸式躺下，大腿上放着85磅重的杠铃盘。卡普尔说："当他开始练习瑜伽体式的时候，简直不可思议。我都没见过我这个年龄的人做出那些练习。你可以看出他很享受。"作为一个表演者，当他做了一些特别的动作时，人们会鼓掌，"他会露出罕见的微笑……太美了。"摄影师说。

早在十多年前，古鲁吉就告诉别人："现在我要退休了。我花了 10 到 20 年来退休，到现在我还没有退休。"然后，他眨了眨眼睛说："之所以不退休，是为了在拍照时，我的身体还能保持温暖。"

2014 年 8 月 6 日，古鲁吉已经被死神的阴影所笼罩，他看起来很脆弱。那个周末，贾瓦哈尔和比乔去浦那时，古鲁吉把他们叫了过去。这位曾经给予他们许多帮助的 95 岁老人温柔地对他们说："我想感谢你们为我所做的一切。"他们意识到他们和大师在一起的日子快要结束了。

随着古鲁吉健康状况的恶化，他对固体食物失去了胃口。阿比迦塔一直是个很孝顺的孙女，为了让他吃东西，她让比瑞亚从法国寄些古鲁吉喜欢的水果。几天后，一箱新鲜多汁的桃子、李子和梨从巴黎抵达。这时，古鲁吉一直在与他的神进行交流，世间的珍宝对他再也没有吸引力了。他努力去品尝学生的最后一份供养，但当时他的身体状况却无法让他享受这些水果的滋味。

他的脚踝开始肿胀，这表明他的肾已经衰竭了——他的灵魂已经决定离开，身体需要做出相应的反应。虽然古鲁吉一直拒绝去医院，但在最后几天，他还是屈从了家人的意志，他看到周围儿女和孙辈们充满关爱和焦虑的脸。他偶尔会失去意识。"我的心智和生命力之间有些脱节。我现在处在内心世界。你们觉得怎样合适，就怎么做。"他对家人说。

他不想让家人觉得没有尽力救他。

当古鲁吉被送到医院时，医生非常尽责，特意向他的家人介绍了治疗过程及可能出现的情况。医生还把自己的电话号码给了他们，以防发生紧急情况。古鲁吉一如既往地亲切和蔼，他以印度传统的姿势合十说："哦，医生，你为我费了这么多的心……谢谢你！谢谢你！"古鲁吉似乎接受了这样一个事实：病痛不过是肉体上的一个烦恼。"如果该给身体换一套衣服，那就换吧。"他平静地说，"我的内心很安静。"

在医院里，古鲁吉沐浴在家人的关爱之中。他们轮流陪在他身边，古鲁吉躺在床上，闭着眼睛，被医院的各种声音和气味所环绕。全世界的学生都在为他祈祷。

他睁开眼睛，看见阿比迦塔在他旁边。他问这位孙女，是否觉得他已经完成了神在人间给他安排的所有使命。阿比迦塔觉得泪水刺痛了双眼，她不想和她亲爱的爷爷（Tatha）进行这样的对话。古鲁吉然后说："我也告诉了神，如果他还需要我完成更多的工作，就把我留在这里吧。"阿比迦塔不希望出现另外的选项。护士一到，她就走出了病房，这样她才能控制住自己汹涌的情绪。

20 世纪 60 年代，那时候古鲁吉还充满活力，有人在布里斯托的一个问答节目中问他："你为什么练瑜伽？"

古鲁吉想了一会儿说："因为我想死得安详。"

将近半个世纪后，95 岁的古鲁吉如愿以偿，他安详地离开了人间。

2014 年 8 月 20 日凌晨 3 点 15 分，也就是古鲁吉每天起床练习瑜伽的时间，他离开了尘世的肉身。

他一定是迅速地进入天堂，准时在那里进行每天的瑜伽练习……

《悠季丛书》出版物目录：

关于作者

　　本书作者拉什米（Rashmi）嫁入了帕尔契瓦拉（Palkhivala）家族，该家族的许多成员是瑜伽大师艾扬格在孟买时期最早的弟子，他们与艾扬格一家保持着非常良好的关系。拉什米的家人中已经出了三位有成就的瑜伽老师——她的丈夫贾汗基尔（Jehangir）、她的婆婆丹（Dhan）以及她丈夫的哥哥阿迪尔（Aadil）。这个家族将来可能会有更多的人从事瑜伽工作。

　　拉什米·帕克希瓦拉是个充满幻想的人……她最终的梦想是住在山间一座云雾缭绕的房子里，最好周围还种植着许多杧果树。拉什米有各种各样的技能，比如用泥巴建房子、做助产士，她还能够熟练地通过足部按摩帮人消除头痛，但在现实世界中，这些技能没有什么用武之地。在现实生活中，她是一位高中英语老师，喜欢给十七八岁的年轻人写剧本并导演出来。她也与孟买的若干学校合作，每年出品各种戏剧节目。她曾经写了一本关于孟买历史的有趣的少儿读物，名为《萨满达里城》（*Samundari City*）。

　　由于在山里建房子的梦想还没有实现，目前拉什米与家人生活在孟买一座公寓的 17 层……

图书在版编目（CIP）数据

生命之光 /（印）拉什米·帕克希瓦拉著；邓育渠译 .
－－ 北京：中国青年出版社，2020.6

书名原文：A life of Light :the Biography of B.K.S.Iyengar

ISBN：978-7-5153-6090-4

I.①生… II.①拉…②邓… III.①艾杨格（B.K.S.Iyengar 1918-2014）－传记 IV.①K833.516.2

中国版本图书馆 CIP 数据核字（2020）第 114880 号

Fist published in Simplified Chinese by China Youth Press

By arrangement with HarperCollins Publishers India Private Limited

Rashmi Palkhivala,2017

北京市版权局著作权登记号：图字 01-2018-0773

生命之光

作　　者：[印] 拉什米·帕克希瓦拉

译　　者：邓育渠

责任编辑：吕　娜

出版发行：中国青年出版社

经　　销：新华书店

印　　刷：三河市少明印务有限公司

开　　本：787×1092 1/32 开

版　　次：2020 年 7 月北京第 1 版 2022 年 1 月河北第 2 次印刷

印　　张：10.25

字　　数：189 千字

定　　价：79.00 元

中国青年出版社 网址：www.cyp.com.cn

地址：北京市东城区东四 12 条 21 号

电话：010-65050585（编辑部）